出土文獻綜合研究專刊之十六

秦漢簡牘系列字形譜

七

主　編　張顯成
副主編　王　丹　李　燁
編撰人員　張顯成　王　丹　李　燁
高　魏　劉國慶　雷長巍　滕勝霖
高　明　楊艷輝　陳榮傑　趙久湘

中華書局

目録

分譜之十一　居延新簡字形譜

説明……三
單字……五
第一　一部——茻部……五
一部……五
丄部……一〇
示部……一三
三部……一六
王部……一七
玉部……一八
玨部……一九
士部……一九
丨部……二〇
屮部……二二
艸部……二三
茻部……二九
第二　小部——冊部……三〇
小部……三〇
八部……三二
釆部……三六
半部……三六
牛部……三六
犛部……四〇
告部……四〇
口部……四二
吅部……五三
走部……五四
止部……五七
癶部……五九

步部……五九
此部……六〇
正部……六一
是部……六二
辵部……六二
彳部……七一
廴部……七六
㢟部……七七
行部……七八
齒部……八一
足部……八二
品部……八二
冊部……八三
第三 㗊部——用部……八四
㗊部……八四
舌部……八四
干部……八五
𧮫部……八五
句部……八六
古部……八六
十部……八六
卅部……九四
言部……九五
誩部……一〇九
音部……一〇九
丵部……一一〇
収部……一一一
𠬜部……一一四
共部……一一四
異部……一一五
舁部……一一五
𦥑部……一一六

晨部……一一六
革部……一一七
鬲部……一一七
爪部……一一七
丮部……一一九
鬥部……一一九
又部……一一九
𠂇部……一二三
史部……一二四
支部……一二六
聿部……一二七
畫部……一二九
臤部……一三〇
臣部……一三〇
殺部……一三〇
寸部……一三一
皮部……一三二
攴部……一三二
教部……一三六
卜部……一三六
用部……一三六
第四　目部——角部……一三八
目部……一三八
眉部……一三九
盾部……一三九
自部……一四〇
白部……一四〇
鼻部……一四四
習部……一四四
羽部……一四四
隹部……一四五
雈部……一四五

羊部……一四六
雔部……一四六
雥部……一四六
鳥部……一四七
烏部……一四七
𠦒部……一四八
冓部……一四八
幺部……一四八
𢆶部……一四九
玄部……一四九
予部……一四九
放部……一五〇
𠬪部……一五〇
𣦼部……一五二
死部……一五三
冎部……一五四
骨部……一五四
肉部……一五四
刀部……一五六
刃部……一五八
角部……一五九
第五　竹部——桀部……一六〇
竹部……一六〇
箕部……一六三
丌部……一六三
左部……一六四
工部……一六四
甘部……一六四
曰部……一六五
乃部……一六六
丂部……一六七
可部……一六七

兮部……一六八
亏部……一六八
旨部……一六八
喜部……一六九
壴部……一六九
鼓部……一六九
豊部……一七〇
皿部……一七〇
去部……一七一
丶部……一七二
丹部……一七二
青部……一七二
井部……一七三
皀部……一七三
鬯部……一七四
食部……一七四
亼部……一七六
會部……一七七
倉部……一七八
入部……一七八
缶部……一八〇
矢部……一八〇
高部……一八一
冂部……一八二
京部……一八三
亯部……一八三
畗部……一八四
㐭部……一八四
嗇部……一八四
來部……一八五
麥部……一八五
夊部……一八六

韋部……一八六
弟部……一八六
久部……一八七
桀部……一八七
第六　木部——𨛜部……一八八
木部……一八八
東部……一九五
林部……一九五
之部……一九六
出部……一九七
𣎵部……一九九
生部……一九九
華部……二〇〇
稽部……二〇〇
桼部……二〇〇
束部……二〇一
㯻部……二〇一
囗部……二〇二
員部……二〇三
貝部……二〇三
邑部……二〇七
𨛜部……二一一
第七　日部——㒳部……二一二
日部……二一二
旦部……二一六
㫃部……二一七
晶部……二一七
月部……二一八
有部……二二〇
朙部……二二二
夕部……二二二
多部……二二三

毌部……二二三
马部……二二四
卤部……二二四
片部……二二五
禾部……二二五
秝部……二三二
黍部……二三二
米部……二三二
臼部……二三三
凶部……二三三
朩部……二三四
宀部……二三四
宮部……二三八
吕部……二三九
穴部……二三九
疒部……二四〇
冖部……二四〇
冃部……二四一
冒部……二四一
㒳部……二四一
网部……二四二
巾部……二四三
帛部……二四四
白部……二四四
㡀部……二四五
第八　人部——次部……二四六
人部……二四六
匕部……二五六
从部……二五六
比部……二五七
北部……二五八
丘部……二五八

㐺部……二五八
王部……二五九
重部……二六〇
臥部……二六〇
身部……二六〇
㐆部……二六〇
衣部……二六一
裘部……二六二
老部……二六三
尸部……二六三
尺部……二六四
尾部……二六五
舟部……二六五
方部……二六六
儿部……二六六
兄部……二六六
先部……二六七
見部……二六七
欠部……二六八
㱃部……二六九
次部……二六九
第九　頁部——象部……二七一
頁部……二七一
面部……二七三
首部……二七三
県部……二七三
須部……二七四
彡部……二七四
文部……二七四
后部……二七四
司部……二七五
卩部……二七五

印部……二七七
色部……二七八
卯部……二七八
辟部……二七八
勹部……二七九
茍部……二七九
鬼部……二八〇
山部……二八〇
屵部……二八一
广部……二八一
厂部……二八三
石部……二八四
長部……二八五
勿部……二八七
冄部……二八八
而部……二八八
豕部……二八八
㣇部……二八九
彑部……二八九
象部……二九〇

第十　馬部——心部

馬部……二九一
廌部……二九一
鹿部……二九四
㲋部……二九四
兔部……二九四
犬部……二九五
㹜部……二九七
能部……二九七
火部……二九七
黑部……三〇〇
大部……三〇〇
亦部……三〇一
夨部……三〇一

夭部……三〇二
交部……三〇二
幸部……三〇二
夲部……三〇三
夫部……三〇三
立部……三〇三
竝部……三〇四
思部……三〇四
心部……三〇四
第十一 水部——非部……三一一
水部……三一一
沝部……三一七
川部……三一八
泉部……三一八
灥部……三一八
永部……三一九
谷部……三二〇
仌部……三二〇
雨部……三二〇
雲部……三二〇
魚部……三二一
龍部……三二二
非部……三二二
第十二 乙部——系部……三二三
乙部……三二三
不部……三二三
至部……三二五
西部……三二七
鹽部……三二七
戶部……三二八
門部……三二八
耳部……三二九

手部……三三〇
女部……三三五
毋部……三三九
民部……三四〇
乀部……三四一
氏部……三四一
戈部……三四一
我部……三四三
珡部……三四四
乚部……三四四
亾部……三四五
匸部……三四六
匚部……三四六
曲部……三四七
瓦部……三四七
弓部……三四八
弦部……三四九
系部……三五〇
第十三　糸部——力部……三五一
糸部……三五一
素部……三五四
率部……三五四
虫部……三五四
䖵部……三五五
風部……三五五
它部……三五五
二部……三五六
土部……三五八
堇部……三六一
里部……三六二
田部……三六二
黄部……三六五

男部……三六五
力部……三六六
第十四　金部——亥部……三六九
金部……三六九
几部……三七二
且部……三七二
斤部……三七二
斗部……三七四
車部……三七五
𠂤部……三七六
𨸏部……三七八
𨺅部……三八〇
四部……三八二
五部……三八四
六部……三八六
七部……三八八
九部……三八九
内部……三九〇
嘼部……三九一
甲部……三九一
乙部……三九三
丙部……三九四
丁部……三九四
戊部……三九五
己部……三九六
庚部……三九六
辛部……三九七
壬部……三九八
癸部……三九八
子部……三九九
𠫓部……四〇一
丑部……四〇一

寅部……四〇二
卯部……四〇二
辰部……四〇三
巳部……四〇三
午部……四〇六
未部……四〇七
申部……四〇七
酉部……四〇八
酋部……四〇九
戌部……四〇九
亥部……四一〇
合　文……四一一
筆畫序檢字表……四一三
《説文》序檢字表……四二七

分譜之十一

居延新簡字形譜

說明

一　本字形譜所收之字源自中華書局一九九四年出版的《居延新簡——甲渠候官》一書的圖版。若圖版有不清晰者，則參照或選取以下二書中的清晰圖版：甘肅文化出版社二〇一六年出版的張德芳主編《居延新簡集釋》，上海書畫出版社二〇二二年至二〇二三年出版的張德芳、王立翔主編《居延新簡書法》。《居延新簡——甲渠候官》收録簡牘八千一百二十七枚。

二　字頭共有單字一千二百零一個，合文一個。

三　辭例所標出處悉依《居延新簡——甲渠候官》一書：EP表示甲渠候官遺址；EPS4表示甲渠塞第四燧遺址；T表示探方；F表示房屋；W表示塢壁內；C表示鄣、塢以外的灰堆；N表示地點不明的採集；數字後的「A」「B」「C」「D」等表示多面簡（含觚）的不同面。

單字

第一 一部——茻部

0001

一

一部

一

1750

EPF22. 22 育出牛~頭

EPF22. 633 黍米~斗黍米一斗

EPF22. 29 又借牛~頭

EPF22. 25 一石去盧~

EPF22. 408 十~月

EPF22. 13 直穀~石

EPF22. 120 第卌~隊長

EPF22. 111 十~月

EPT2. 5B 爲見不~二

EPF22. 195 驛馬~匹

EPF22. 29 用牛~頭

EPF22. 225 ~人

EPF22. 133 十~月壬辰

EPF22. 22 商即出牛~頭

EPF22. 651 ~家

 EPF22. 169 新除第廿～	 EPF22. 331 隧有鼓～	 EPF22. 138 ～封
 EPF22. 694 鼓～	 EPF22. 636B ～日	 EPF22. 575 鼓～
 EPF22. 55A 財物簿～編	 EPF22. 787 穀～石	 EPT68. 85 塢上大表～
 EPF22. 11 大笥～合	 EPT68. 135 ～編	 EPT57. 51 謹遣第十～
 EPF22. 275 第廿～隧	 EPT6. 8 右淵各～所	 EPF22. 293 ～匹二丈
 EPT56. 69 韋絝～	 EPT52. 623 馬～匹	 EPT58. 17 ～日
 EPT51. 209 簫～	 EPT51. 113 櫝～	 EPT49. 62A ～斛四斗
 EPT52. 93 縞絑～兩	 EPT5. 47 其～人	 EPT6. 8 其～

0002

元

213

EPF22.460A 漢~始廿六年

EPT59.339 大尉~

EPT51.193 ~年三月

EPT59.30 ~年

EPT52.86 ~年

EPT27.58 ~年

EPT50.198A ~年

EPT52.263 ~年

EPT52.62 ~年

EPF22.413A ~年二月

EPT52.88A ~年

EPT43.74 ~年

EPT51.23A ~年

EPT52.194 ~年

EPT52.477 ~年

EPT65.35 憂勞百姓~=

0003

天

142

EPF22.325A ~子

EPF22.164 ~下

EPT40.203 ~下

EPT52.53 ~田

EPT59.99 ~鳳三年

EPT59.571 婢任請~數具

0004

吏

645

EPF25.12A
~鳳二年

EPT53.64
~水

EPT5.53
~鳳上戊

EPF22.63A
~下

EPF22.325A
~水

EPF22.193
~雨

EPF22.372
~雨

EPT58.17
八日毋越塞蘭渡~田

EPT20.19B
直~明

EPT51.64
晝~田

EPT68.22
~田

EPF22.224
~增秩二等

EPT50.200B
~對會入官刺

EPT52.262
~卒

EPT58.32
~肄射傷弩

EPT52.160
~卒

EPT50.203A
鴻嘉二年~

EPT50.7A
故士~

EPT51.23A
~員簿

EPT27.16
少~

EPF22.331
助~

EPF22.246
告~

EPT65.55A
給水北~

EPT51.201A
士～

EPF22.237
～卒

EPF22.243
～得毋侵

EPF22.245
～士明聽教

EPF22.63A
～不得容姦

EPF22.44
部～

EPF22.58
故～

EPF22.105
助～

EPF22.593
士～

EPT65.25A
孔季英爲斗𡧍～

EPF22.53A
部～

EPF22.364
部～卒

EPT52.109B
～吏

EPT52.204
士～

EPF22.203
見～

EPT52.109A
吏吏吏吏～

EPT65.55A
長～迎受

EPT52.42A
士～

EPF22.284
具～

EPS4T2.151
非及～受奉

EPT5.25
遣～

EPF22.319
～格鬬失亡

EPF22.353
士～

EPF22.45A
～三百石

EPF22.233 ～增秩二等

EPF22.39 禁～民

EPF22.41 所依長～豪彊者

EPT56.190 士～

EPT56.65A 士～

EPF22.196 新沙置～馮章

EPF22.272 助～杜惲

EPT52.416A 士～

EPT20.8 官見～

EPF22.351 除～次備補惲等缺

EPT52.13 ～卒

EPT68.85 助～

EPF22.39 部～

EPF22.129 定～主當坐者名

EPT52.619 士～

EPS4T2.35A 第九～

EPT5.76A 可縣內～書

丄部

0005 重

上

278

EPF22.25 車～

EPF22.236 ～戊三年七月

EPT52.46A 再拜～言變事書

EPT40.204
騂視白堅隨譙~者

EPT9.2
以~

EPF22.58
陽里~造梁普

EPF22.68
~赦者人數

EPF22.63A
以~

EPF22.695
~書

EPF22.12
車~

EPT5.53
天鳳~戊

EPT68.85
蓬塢~大表一

EPT27.59
~戊

EPT59.120
以~

EPT5.5
~造

EPF22.483
~戊三年

EPF22.413A
~戊元年二月

EPF22.478
堠~

EPF22.164
~赦者人數

EPF22.135
~官武

EPT68.19
之堂煌~

EPF22.468A
~戊二年

EPT65.31
書~曰

EPT26.22
~戊

EPT56.88A
輔~行與廿一卒

EPT51.84
同里杜長定前~

EPT44.33A
堠~蓬

EPT59.6 直～蓬干柱柜木一

EPF22.334A ～戊三年桼月

EPF22.2 以～

EPF22.224 百人以～

EPT49.30A 即當來～相瞻者

EPT52.31A 望迒～

EPF22.468B ～戊二年

EPF22.558 等～

EPF22.559 等～

0006 旁

14

EPF22.69 ～近郡

EPT57.8 病死爰書～行

EPT48.136 病死爰書～行

EPT59.2 ～橐

EPT52.434 賁～近郡到

EPT65.319 ～城

0007 重 下

266

EPT52.96 ～居延都尉

EPT58.11 輔蓬摩～

EPF22.143 ～鋪八分

EPF16.40 詣門～

EPS4T2.46 左～編

EPF22.162 府～赦令

EPT51.147A 府所～禮

EPF22.153A 以～

EPT52.630 地蓬～一

EPT51.147B ~禮分

EPT58.37 ~廣丈二尺

EPT40.7 門~

EPT59.63 戊寅~

EPT59.177A 以~

EPF22.452 甲渠候~尉

EPF22.163 府~赦令

EPF22.164 天~

EPF22.65A ~當用者

EPF22.199 吞北隧~

EPF22.45A 以~

EPF22.343 即日~餔

EPF22.67 州牧各~所部

EPF22.68 ~當用者

EPF22.63A 天~

EPF22.166 門~

EPT65.227 門~

EPF22.452 ~當用者

示部

0008

示

5

EPT 20.19B ~厚哉

EPT59.893B 曹~

0009
禮

5

EPT51.147A 府所下～算書

EPT51.147B 府所下～分算書

0010
福

25

EPT58.1 李～

EPT56.182 謹移～射中

EPT53.186 候長～

EPF22.128 禄～

0011
齋

16

EPF22.159 ～戒

EPF22.155 八月廿四日丁卯～

EPF22.154 ～戒

EPT52.228 二～

EPF22.304 皆自～

EPF22.161 ～械

EPF22.157 甲辰～

0012
祖

12

EPF22.77 以～脱穀給

EPT53.65 唯翁孟～

EPT51.86 公乘間彭～

0013
祠

11

EPF22.153A 秋～社稷

EPF22.154 侍～者

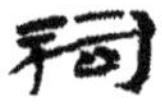
EPF22.156 可～社稷

EPF22.159
當侍～者

EPF22.161
當侍～者

0014
社
社
29

EPF22.159
脩治～稷

EPF22.161
令脩治～稷

社 EPF22.153A
謹脩治～稷

EPT65.420A
當治～

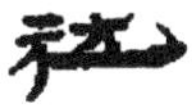
EPF22.153A
以令秋祠～稷

EPF22.156
可祠～稷

杜 EPT11.7
長～第五索車父

EPT51.84
觻得長～里郭穉君

0015
禁
禁
21

EPT59.161
毋犯四時～者

EPF22.50A
犯四時～者

EPT59.40A
～酤酒

EPF22.39
～吏民

EPF22.49
犯四時～者

EPF22.51A
毋犯四時～

三部

0016
三

1812

EPT52. 220
~千六百

EPT17. 24A
楊崇~人〻

EPT56. 149
~斗三升少

EPF22. 176
槀矢~千五十

EPF22. 183
少~十一

EPF22. 586
十~日乙巳到官

EPT56. 149
粟三石三斗~升少

EPT43. 46
三丈~尺

EPT8. 13
十~日

EPT65. 35
~人

EPT59. 339
~年十月

EPT68. 188
~寸

EPF22. 418
~月

EPF22. 2
滿~日

EPF22. 97
四月食~石

EPF22. 451
~百六十六斛

EPF22. 398
正月盡~月

EPT52. 470B
陽朔~年

EPF22. 641
第~

EPF22. 269
第~十隧塢南面壞

EPF22. 12
還到第~置

EPF22.80
建武三年～月

EPT53.186
～年

EPF22.29
建武～年十二月

EPT65.337
～石三斗三升

EPT53.60
～年

EPF22.232
錢～萬

王部

0017

王

王

318

EPT68.167
～良

EPF22.120
隊長～猛

EPF22.521
置在故候長～恭所

EPF22.223
～侯

EPF22.343
隧長～習

EPF22.389
～良詣府

EPF22.84
第十三隧長～習

EPF22.143
付城北助隧長～明

EPF22.213
第四隊長～長

EPT56.92
大夫～强

EPT59.340A
富貴昌宜侯～

EPT56.69
～平

EPT51.60
～慶

EPF22.137
男子～歆等

EPF22.586
趙永代騎士～敞

EPS4T2. 35A
～音

EPT57. 67
～甲

EPF22. 134
～歆

0018
閏

48

EPT58. 23
三年～月

EPF22. 26
～月二月

EPT27. 48
～月

EPT52. 557
～月

0019
皇

49

EPF25. 2
地～

EPF22. 242
建國地～

EPT48. 133
地～

EPF22. 468B
建國地～

EPF22. 468A
建國地～

EPF22. 334A
建國地～

EPT27. 59
～上戊

EPF22. 483
建國地～

EPF22. 413A
建國地～

玉部

0020
玉

6

EPT50. 42A
子～

EPT50. 42B
巍子～坐前

EPT 52. 783
～門塞外

珏部

0021

班

班

1

EPT4.25　~行塞徼三時

士部

0022

士

士

212

EPF22.243　天子勞吏~拜

EPF22.245　吏~明聽教

EPF22.246　~卒

EPT50.135　施刑~薛齊八月

EPT59.308　~吏

EPT40.11B　~吏陳褒

EPT49.87　[長]~兒

EPT48.53B　~

EPF22.43　屬國秦胡盧水~民

EPT52.204　~吏

EPT59.1　~伍

EPT52.416A　~吏

EPT59.3　~吏

EPT52.408　~吏

EPT58.38　不給公~

0023
壯

7

EPF22.43
盧水～民畜

EPF22.270
問～吏孫良

EPF22.253
第十～吏馮匡

EPF22.426
～吏

EPF22.526
代騎～王敞乘隊

EPF22.194
～吏

EPF22.42
屬國秦胡盧水～民

EPT68.11
～吏

EPT59.49A
～吏

EPT58.3
施刑屯～

EPT57.22
李～衆

EPT52.619
～吏

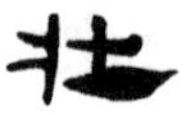
EPT59.100
趙君～

EPT50.71A
～戲也

EPT 44.5
邑中夏君～多問

丨部

0024
中

378

EPF22.331
建武三年八月～

EPF22.325A
七月～恐蒽"

EPF22.141
木～

EPT40.202
身～無推處者

EPT40.203
身～

EPT40.204
之日～

EPS4T2.100
二旬～

EPT40.202
身～有黑

EPT40.205
文而在堅～者

EPF22.330
以更始三年五月～

EPF22.655
居三堠下盧～

EPF22.369
日～受遣

EPF22.3
十二月～

EPF22.129
各推辟界～

EPF22.131
及不過界～

EPF22.353
建武三年九月～

EPT59.17
日時在檢～

EPT50.30
木～隊

EPT40.206
圭～文者

EPF22.29
十二月～

EPF22.290
日時在檢～

EPT59.75B
腸～

EPT6.9
卧内～

EPF22.63A
及～人各一等

EPF22.233
動静～國兵

EPF22.355
建武六年正月～

EPT51.96
留部～

EPT50.211
～部

EPT51.357
界～八十里

EPT49.25
第六日～迹檮

EPT49.46A
亭～

EPT44.4A
邑～起居

EPT44.32
～得

EPT20.6
八月～

EPT52.355
郭～

EPF22.188
今年正月～

EPF22.358
更始三年五月～

EPF22.137
不過界～

EPT68.37
邑～

屮部

0025

屯

6

EPT58.3
施刑～士

EPT56.38
軍～

EPF22.65A
將～偏將軍

EPF16.44
天田～止

艸部

0026 萁 2
- EPF22. 291 伐慈～
- EPT52. 312 伐慈～

0027 蘇 33
- EPT51. 489 公乘～常
- EPT56. 334 候長～良
- EPT50. 17 候史～陽

0028 蘭 62
- EPF22. 395 ～越甲渠
- EPT52. 53 ～越塞
- EPT68. 62 ～越
- EPT68. 38 ～越
- EPT68. 22 ～越
- EPT68. 38 良～
- EPT52. 82 ～越塞
- EPT68. 23 ～越

0029 苦 19
- EPF22. 326 新平郡～縣
- EPF22. 243 它何疾～
- EPT49. 36B ～候朢

0030 萩 4
- EPT27. 1 毋傷隧長～嚴
- EPT5. 88 若～

0031
荆

2

EPT48.153A
劾～等

0032
萌

7

EPT20.31
～誠服

EPF22.693
書佐～

EPT20.31
萏過在～

0033
英

2

EPT65.25A
孔季～

0034
蒼

5

EPT50.1A
～頡作書

EPT50.134A
～頡作書

0035
苛

7

EPT50.171
毋～留止

EPT49.3
有敢～者

EPF22.38A
雖知莫譴～

0036
蔡

14

EPT51.327
卒～

EPF22.193
府卿～君

EPT58.3
～里

0037
薄

13

EPT50.6A
～叩頭叩頭

EPF22.38A
～小

EPT6.97
～壁

0038
藥

15

EPT52.228
～二齋

EPF22.246
病致醫～

0039 蓋

6

- 蓋 EPT51.471 河内山陽繕里傳～
- EPT58.17 略得迹卒趙～
- 蓋 EPT52.773 史～邑
- EPF22.340 湯～癸酉

0040 若

34

- EPT5.88 ～萩
- EPF22.691 ～郡農如玄
- EPF22.248 ～有代
- EPT51.120 ～不
- EPT68.170 ～拔劍
- EPT53.38 ～

0041 萆

2

- EPT56.74 羊皮冒～一

0042 茭

87

- EPF22.477B ～千束貸
- EPT52.604 入～六千束
- EPT52.19 出～十束
- EPT52.85 餘～
- EPT56.267 餘～
- EPT58.38 田～
- EPT56.107 積～
- EPT52.173 ～腐敗
- EPT52.51 六月省卒～

EPT52. 341
伐~

EPT20. 13
博盜良~

EPT53. 18
~中

0043
莝

4

EPF22. 27
~斬

EPT50. 163
錢二百畢又~

0044
苣

28

EPF25. 15
夜舉~火

EPF22. 478
一~火

EPT53. 104A
~火

0045
薪

71

EPT44. 30B
積~

EPT68. 85
積~

EPF22. 272
燔~

EPT10. 11
積~

EPT50. 8
積~

EPF22. 850
積~

0046 重
折

21

EPT52. 394
~傷

EPF25. 2
~傷兵

EPF22. 490
~塢户蜚橋

EPT65. 459
~傷

0047
蔥

1

EPF22. 325A
恐急~=（忽忽）

0048

荀

5

EPT50.1A ~務成史

EPT51.416A 長安~里

0049

葦

7

EPT59.284 ~笥

EPT56.107 見~三百束

0050

萊

2

EPT57.22 白馬~陽里李士衆

0051

蒙

14

EPT44.4B 因~君厚恩

EPT59.9A ~恩

EPT44.57 今禹長~厚恩

0052

范

49

EPT59.652A 與~君上相見

EPT59.205 ~護

EPT65.462 ~少倩

EPF22.325A ~君上月

EPT51.209 ~齊

0053

草

16

EPT48.34B 宜及今日~次

EPF22.477B ~盛

EPT59.73 沙中多~土

EPT17.5 更定此~

EPT10.4A 月~事以未

EPT59.499 ~塗

0054 萅

19

春 EPF22.463A 附尚子~車來歸

EPT51.503 君來責~君

EPT65.130 從客民李~買

0055 新 薌

5

EPT4.1 候長~良

EPT59.177B ~

0056 新 藏

4

EPT52.11 錢~官

EPF22.200 坐~爲盜

0057 芀

1

EPS4T2.45 ~一斗

0058 茖

1

EPT20.31 ~過在萌

0059 董

50

EPT16.2 ~放

EPT52.433 ~安國

EPT59.652B ~崇

EPT59.366 ~掾

EPF22.144 隊長~習

EPF22.130 隊長~習等

EPT65.303 武彊隊卒~

EPT50.38 ~護

EPT52.103B ~子文入

艸部

0060

莫

35

EPF22.693
如~府書

EPT59.65
二十二日~

EPS4T2.114B
先日~來

EPT68.37
其~日

EPF22.38A
大將軍~府

EPF22.38A
雖知~讁苛

EPT53.187
田~如

第二　小部——冊部

小部

0061

小

小 124

EPF22.38A 薄~不如法度

EPT58.30 皆~家子

EPF22.24 雖~

EPT59.112 俱開~倉

EPC.16A 欲~爲酒

EPF22.614 陷耳~□□□曰=

EPT51.70 鮑~叔

EPS4T1.12 不慎微~

EPS4T1.7 故~傷一淵

EPT8.36 子~[男]

EPT52.545 ~狗

EPT68.62 ~尺

EPT52.646 七月~

EPT59.502 ~磑一合

0062

少

少 299

EPT56.109 百七石九斗三升~

EPT56.109 五十石三斗三升~

EPT51.224A 戎具~酒

EPF22. 181
今~三百

EPF22. 183
~三十一

EPT40. 51
三升~

EPF22. 183
~五百三十一

EPT51. 101
張~實

EPF22. 24
錢~

EPT59. 342
繩~九十五斤

EPT65. 116
~十束

EPS4T2. 8A
~半日

EPF22. 176
~

EPT7. 1
三升~

EPT51. 114
六人衣~物別名

EPF25. 3
~不應簿

EPF22. 367
~及毋食狀

EPF22. 503
人力~

EPT52. 1
粟三石三斗三升~

EPT59. 178
三升~

EPF22. 24
~八萬

EPT52. 103B
王稚~入

EPT51. 60
陳尊粟三石三斗三升~

EPT52. 1
張歸粟三石三斗三升~

EPT52. 109B
今□~

EPT51. 247
三斗三升~

EPT52. 109B
今~

EPF22.11
~八歲

EPT51.60
楊武粟三石三斗三升~

EPT49.52
三升~

EPT56.109
九斗三升~

EPT51.60
王慶粟三石三斗三升~

EPT48.56
丞相光下~府

EPT51.209
~一

EPF25.10
諸官~

EPF22.177
~六百三十八

EPT52.1
三升~

EPT27.16
~吏

EPT52.278A
~倩

EPT50.4
三升~

EPT49.89A
反~

八部

0063

八

八

666

EPT49.56
~月

EPF22.22
齒~歲

EPF22.153A
~月

EPF22.24
少~萬

EPF22.23
齒~歲

EPT51.82A
直三百卌~

0064

分

90

EPF22.63B ～

EPT68.16 年卌～歲

EPT52.103B 月～日

EPF22.214 臈錢～十

EPT59.474 第～隊

EPF22.11 少～歲

EPF22.141 十～日

EPF22.17 十三石～斗五升

EPF22.158 ～月庚戌

EPT59.473 粟～百

EPF22.637B ～日

EPT51.357 ～十里

EPT50.37 ～月

EPT65.411 ～石一斗

EPT52.135 ～尺

EPF22.177 見千二十～

EPF22.177 少六百三十～

EPF22.183 今寅矢千～百五十

EPS4T2.35A 第～吏

EPF22.185 二萬一千九百桼十～

EPF22.341 牛大小～頭

EPT50.107 一時七～

EPT10.8 貝母一～

EPT51.147B 下禮～

EPT52.49 郡~利

EPT51.273 乙酉平旦五~

EPT27.51 半~

EPT27.51 人定桼~

EPT40.204 ~明

EPT5.84 勝負一~

EPT52.405 下餔九~

EPT40.203 三~

EPT52.52 七~

EPF22.143 下餔八~

EPF22.150 時二~

EPF22.458 ~月十一日

EPF22.148 二~

EPT56.11 温廉□~

EPT68.188 皆廣三~

EPF22.141 食坐五~

EPT59.96 三時九~

0065

曾

曾（篆）

6

EPT59.238 ~國

EPT59.238 不忍~而及紂等

EPT50.246A 衛~書奏

0066

尚

尚（篆）

36

EPT4.44 吕~

EPF22.331 受助吏時~

EPF22.153A 史~

EPF22. 463A 附~子春車來歸

EPF22. 154 褒~考察

0067

公

121

EPT58. 38 不給~士

EPT51. 86 橫原里~乘

EPT65. 346 孤山里~乘

EPF22. 355 ~乘

EPF22. 353 ~乘

EPF22. 325A 言竇昭~到高平

EPF22. 38A ~賣衣物於都市

EPT68. 139 ~乘

EPT68. 78 廣郡里~乘

EPT52. 240 安居里~乘

EPT50. 170A 君~足下

EPT68. 68 ~乘

0068

必

33

EPT40. 202 ~視之

EPT59. 343 麴蘖~時

EPF22. 168 ~舉白

EPT53. 33A ~得事實

EPF22. 454 ~坐

EPT52. 432 予者~死

EPT53. 158B ~毋後時

EPF22. 63A 天下~貢

EPF22. 757 候長~坐

釆部

0069 重

審

17

EPT68.17 客民不～

EPT59.8 ～如猛言

EPF22.56A ～告尉謂鄉

半部

0070

半

73

EPT27.51 桼分～分

EPT58.40 少～人

EPF22.24 大車～轞軸一

EPT59.25 夜～

EPF22.272 一里～

EPT68.188 創袤二寸～

EPT51.310 大二韋～

EPT52.783 五算～算

EPT52.52 夜～時

EPT6.79 兩～兩

EPF22.11 大車～椆軸一

EPF22.63A ～歲之直

牛部

0071

牛

102

EPF22. 22
育出～一頭

EPF22. 24
因賣黑～

EPF22. 23
以所得商～黄

EPT52. 3
持～車

EPT50. 51
車～

EPT65. 167
～頭

EPT65. 41A
當買車及～

EPF22. 24
恩即取黑～去

EPF22. 5
育出～一頭

EPF22. 24
所將育～黑

EPF22. 22
商即出～一頭

EPF22. 29
用～一頭

EPT44. 5
～食豆四石

EPF22. 23
黄～

EPF22. 4
出～一頭

EPF22. 24
非從粟君借～

EPF22. 8
黄～

EPF22. 27
平～直六十石

EPF22. 27
～已

EPF22. 28
不當予粟君～

EPF22. 31
不當與粟君～

EPT52. 569
馬～羊

EPF22. 19
～直六十石

EPT56. 266A
戍卒～

0072 特

11

EPF22.23 ～齒八歲

EPF22.24 ～雖小

EPF22.22 黑～

EPF22.9 黑～

EPF22.8 ～齒八歲

EPF22.4 黄～齒

EPF22.22 黄～

EPF22.5 黑～

0073 牝

3

EPF22.585 驪～

EPT65.45 ～齒七歲

0074 犢

1

EPT59.162 不知～進火

0075 牟

5

EPT51.142 尉史～同

EPT52.723B ～□

0076 牢

6

EPF22.190 ～駒

EPF22.197 取駒～隊内中去

EPF22.186 ～駒隊内中

0077 物

110

EPF22.26 欲取軸器～去

EPF22.32 器～幣敗

EPF22.21 財～

EPF22.26
不敢取器～去

EPT44.8A
執～如牒

EPF22.26
欲持器～

EPF22.463A
失亡衣～

EPF22.38A
衣～

EPF22.37
販賣衣～

EPF25.3
校兵～

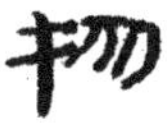
EPF22.61
校閱兵～

EPF22.39
衣～

EPT59.12
戍卒～故衣名籍

EPT68.23
持禁～

EPT52.207
錢財衣～

EPT51.192
～故

EPT56.253
衣財～

EPT53.186
衣財～

EPT17.4
還問官兵～

EPT20.8
拘校兵～

EPT52.569
財～

0078
犧

2

EPT59.497
～和農楊丞

0079
犌

2

EPF22.30
以爲～

EPF22.25
～索二枚

犛部

0080 斄

1

- ES（T119）.3　□～帚一

告部

0081 告

121

- EPT49. 38　～甲渠守塞
- EPF22. 56A　丞審～尉謂鄉
- EPF22. 21　辨～
- EPF22. 43　明～吏民
- EPF22. 330　辨～
- EPF22. 151AB　府～
- EPF22. 153A　～勸農掾
- EPF22. 335　～令史
- EPF22. 459　府～居延
- EPT6. 7　～尉
- EPT51. 270　詔書律變～
- EPF22. 71A　～司馬
- EPT52. 18　～尉
- EPT52. 136B　～尉
- EPT59. 60　敢～

EPS4T2.44 ～匑

EPT57.48 ～塞尉

EPT53.33A 敢～卒人

EPT56.100A 官～候長

EPT52.207 ～乃問尊

EPF22.158 ～尉

EPF22.246 ～吏

EPT59.349A 皆～

EPT56.390 不～歸

EPT68.167 數～

EPT49.19 尉記～勑衆

EPT49.12B 思～勑記

EPF22.151CD ～尉

EPF22.2 辨～

EPT44.65 ～

EPT50.22 ～家稟

EPT4.19 候詡～尉

EPT58.65 辨～

EPF22.571 ～候官隧

口部

0082 口

口

10

- EPT 43. 72 或文錫銅～
- EPT 49. 9 ～舌使語言不可聽
- EPT 61. 4 谷～候長王禁

0083 吞

吞

152

- EPT52. 205 ～北隧
- EPT52. 205 ～遠隧
- EPT48. 60A ～遠置
- EPT17. 2 ～北隧長
- EPT51. 212A 次～隧
- EPF22. 330 甲渠～遠隧長
- EPF22. 143 明付～遠助
- EPT59. 49A ～遠
- EPF22. 366 謂～遠
- EPT59. 69 ～遠候長譚
- EPT43. 69 ～遠隧長
- EPT48. 26 ～遠候長
- EPF22. 199 ～北隧下
- EPF22. 197 ～北隧
- EPT52. 52 ～遠卒
- EPT59. 159A ～遠隧長
- EPF22. 337 謂～遠
- EPF22. 293 ～遠候長

0084

呼

21

EPF22.147 ～遠隊

EPF22.196 ～遠隊

EPT65.30 ～遠

EPT52.5 其十庌～

EPS4T2.46 干听～

EPT43.295 听～

EPF22.194 馮匡～永曰

0085

名

152

EPT52.155 市人等～

EPT59.2 ～字

EPT53.209 戍卒被兵～

EPT52.86 ～籍

EPT57.65 ～籍

EPT58.32 ～籍

EPF22.151AB 定吏主當坐者～

EPT65.342 ～籍

EPT48.158A 吏卒～

EPF22.461 買官畜吏～

EPT26.11 人～

EPT58.33 ～籍

EPT65.56 ～籍

EPF22.691 所具官～

EPT68.34 ～爵

0086

君

311

EPT59.12
～籍

EPT44.53
吏～

EPT48.78
～姓字

EPT43.6
～籍

EPF25.14
～籍

EPF22.41
長吏豪彊者～

EPF22.129
定吏主當坐者～

EPF22.39
四時言犯者～狀

EPT56.39
官～

EPT50.22
～狀

EPT50.20
得留者主～報

EPT40.54
～豐辤服

EPF22.22
皆予粟～

EPF22.24
付粟～妻業

EPF22.27
與粟～

EPF22.32
粟～用恩器物幣敗

EPF22.223
～長將率者

EPF22.31
不當與粟～牛

EPF22.24
非從粟～借牛

EPF22.23
約爲粟～賣魚

EPF22.32
粟～錢畢

EPF22.208
妻～閒取

EPF22.26
爲粟～捕魚

EPT57.52
～遣

EPT58. 42A
～卿

EPT59. 64
張～

EPT53. 67
謝～近使不遠

EPT56. 8
知～者謁報

EPT65. 488
守候～

EPT50. 6A
戴～

EPT40. 8
曹～

EPT52. 165
首加非法於～

EPF22. 26
粟～謂恩

EPT65. 202
韋～

EPF22. 4
候粟～

EPF22. 14
皆在粟～所

EPT10. 11
府～

EPT40. 7
曹～

EPF22. 36
候粟～所責寇恩事

EPT48. 22B
～仲

EPT40. 2
甲渠～

EPF22. 6
時粟～借恩爲就

EPF22. 6
皆予粟～

EPF22. 14
負粟～錢

EPF22. 10
粟～借𤘘牛

EPF22. 10
付粟～妻業

EPF22. 7
時粟～

EPF22. 7
約爲粟～賣魚

0087

命

20

EPT59.111 明官哀憐全～

EPT56.38 吏卒犇～

EPT44.63 ～

0088

召

57

EPF22.475B 騎士～戎詣殄北

EPF22.21 ～恩詣鄉

EPT52.49 成〃使～賜計

EPT17.2 ～詣官

EPT50.60 府～

EPF22.270 ～臨之隊長

EPF22.116 隧長～蒲

EPF22.329 ～恭詣治所

EPT8.5 ～詣官

EPF22.214 庚午～賦

EPF22.20 粟～

EPT59.652A 范～

EPS4T2.52 ～佚夫彭祖

EPT43.180 ～兄

EPT26.1 甲渠候～

EPT48.25 候～詣府

EPT20.19A 使～

EPF16.36 守候～

EPF22.193 蔡～起居檄

EPT65.316 張～

EPT10.4A 願～

0089

問

110

EPF22. 1
～恩詣鄉

EPT51. 374
～宮

EPF22. 288
掾譚～萬歲候長

EPT59. 159A
謹驗～

EPT59. 69
謹驗～

EPT51. 189A
移書驗～

EPS4T1. 9A
滿伏地～

EPF22. 170
謹驗～隆

EPT44. 30A
驗～

EPF22. 31
更詳驗～

EPF22. 21
爰書驗～

EPF22. 31
謹驗～

EPF22. 30
書到驗～

EPT44. 5
邑中夏君壯多～

EPT51. 270
乃訊～

EPT49. 4B
尉遲～之

EPF22. 270
～士吏孫良

EPF22. 367
遣～

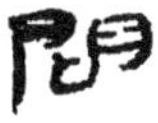
EPT59. 8
書到驗～

EPT68. 36
驗～

EPF22. 140
驗～臨木候長

EPT52. 21
謹驗～

EPF22. 135
驗～臨木候長

EPT51. 301
謹驗～

0090

唯

45

EPF22.192 謹驗～

EPF22.191 驗～

EPT59.652A 謹此記行～

EPT53.65 ～翁孟祖

EPT5.127 ～府令

EPT48.34A ～二仁

EPT53.35 十六兩～

EPT53.186 ～官移書

EPF22.649 ～官謁言府

EPF22.62A ～官簿

EPT53.65 ～翁孟留意

EPT52.321 ～官

EPT51.203B ～賜錢

EPT6.80 吏庠免缺如牒～

EPT59.39 ～府令

EPT44.57 叩〃頭〃～

EPT65.539 ～子憂哀

EPT65.38 時通～

0091

和

47

EPT50.198A 綏～元年

EPT48.84 綏～二年

EPT52.545 第九隧不～

EPT27.43 庶士〃吏代～恢

0092 咸

4

EPF22.65A
行副～事

EPS4T2.50
爵～

0093 吉

19

EPT59.9A
～事

EPF22.153A
擇～日如牒

EPF22.549
～凶自在

EPT51.92A
吉日～時

0094 周

54

EPF22.505
～駿梁多

EPT52.2
～卿

EPF22.22
尉史～育

EPT68.93
姓～氏

EPT52.544
～卿

EPF22.4
尉史～育當

EPT57.74A
受亭～褒事

0095 各

138

EPT59.163
～且倍

EPT6.73
～三

EPF22.45A
娉聚～如令

EPT52.416A
～如牒

EPT57.108A
～如府都吏舉

EPT48.70
～三

0096

哀

26

EPF22.67 州牧～下所部

EPF22.129 ～推辟界中

EPF22.70 奉～如差

EPT52.71 ～如牒

EPT51.112 ～一

EPT58.45A ～如牒

EPS4T2.92 ～以札

EPT52.141 ～一

EPT17.26 ～三

EPT50.214 ～如

EPF22.63A ～一等

EPF22.221 ～如牒

EPF22.395 白刀～一

EPF22.521 ～備一弦

EPW.11 ～斂部吏錢

EPT20.26 鞮瞀～

EPF16.47 ～十餘發

EPT52.207 ～如牒

EPT48.156 ～一

EPT48.34A ～令一

EPT59.113 ～五匹

EPF22.463A ～爲

EPF16.54 將軍～貰貸罪法

EPT51.203B 幸～憐

哀 EPT52.340 ~憐

0097

叩

279

EPT50.6A ~頭叩[頭]

EPT52.170 ~頭

EPT51.201A ~頭

EPT27.16 ~頭

EPT44.4B 詣官~頭

EPT49.15 ~

EPT65.200A ~頭

EPT65.218A ~頭

EPT65.25B 叩頭~頭

EPT53.67 ~頭

EPT51.322 ~頭

EPT27.21A ~頭

EPF22.686 ~頭死罪死罪

EPF22.62A ~頭死罪

EPF22.32 ~頭死罪死罪

EPT48.33 ~頭

EPT48.24A ~頭

EPT48.24B ~頭

EPF22.126A ~頭死罪

EPF22.351 ~頭死罪死罪

EPT52.317 ~頭

	EPT50.7A	敢言之~頭
	EPF22.131	~頭死罪
	EPT59.272A	~頭
	EPT53.19	~頭
	EPF22.517	~頭死罪死罪
	EPT20.7	~頭
	EPT40.10	~頭
	EPT40.7	~頭
	EPT48.44A	~掾許
	EPT49.46A	~頭
	EPT48.135A	~頭
	EPT65.39	~頭
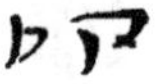	EPT20.20	~頭
	EPT65.197	~頭
	EPT51.224B	~頭
	EPF22.417	~頭死罪
	EPT49.51	敢言之~頭
	EPT65.282	~=頭=
	EPS4T2.114A	~頭
	EPT51.24	~頭
	EPF16.39	~頭
	EPF22.201	~頭死=罪=
	EPF22.187A	~頭死罪
	EPF16.36	~頭

EPT51.124 ~頭

EPT49.51 ~頭死罪

吅部

0098

嚴

嚴

62

EPT59.1 ~新除

EPT59.1 不侵候史~

EPT51.72 令史~

EPT40.3 徐~門稍

EPF22.429 ~不能

EPF22.284 ~等

EPF22.429 ~穀

EPT48.132 令史~

EPF22.647 郅~

EPT59.353 高~

EPT27.1 萩~

EPT59.470 字~

EPT20.19A 子~

0099

單

單

58

EPT59.92 卒~惲

EPF22.644 隧長~宮

EPF22.101 隧長~宮

EPT52.141
皁布～衣一

EPT52.187
白布～綺一兩

EPF22.212
隧長～宮

EPT52.187
白布～襦一領

EPT52.259
白布～綺一兩

EPT52.259
白布～衣一領

EPT52.94
白布～衣一領

EPT40.6A
～衣一領

走部

0100

趣

23

EPT26.21
者～

EPT57.108A
～具

EPF22.289
～備弩

EPW.23
大守～問

EPT59.553
～作治

EPT68.167
～作治幡

EPT52.13
～遣

EPT5.158
吏吏皆～

0101

超

2

EPT50.1A
～等軼羣

0102

越

49

EPF22.395
蘭~甲渠

EPT68.23
蘭~

EPT68.22
蘭~

EPT52.53
蘭~

EPT58.35
~塞

EPT56.22
~塞

EPF22.69
~嶲

EPT68.62
蘭~

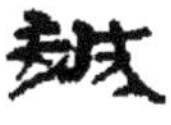

EPT68.38
蘭~

EPT58.17
廿八日毋~塞

0103

起

75

EPT40.202
~拔之

EPT59.122
宣即~去

EPT52.159
俱~隧長

EPF22.279
~視事

EPT48.122B
~居

EPT52.418
俱~隧長

EPT65.200B
私仁者~

EPT65.26A
~居

EPF16.51
時藁~

EPT65.362
火本所~

EPT52.18
俱~隧長

EPT44.5
~居

0104

趙

82

EPT48.24A
~居

EPF22.329
俱~隊

EPF22.42
從兵~以來

EPF16.39
~居安平

EPT44.4A
~居

EPT68.19
酒盡皆~

EPF16.55
~居毋它

EPF16.40
迫藁~

EPF22.260
俱~隧卒

EPF22.193
~居檄

EPT65.41A
自~田作

EPT65.31
~居

EPT59.8
~武

EPT52.179
~君

EPT59.111
~章

EPT53.197
~忘生

EPT48.22A
~匡

EPT58.3
~延年

EPF22.600
男子~良

EPT50.4
卒~捐之取

EPT68.71
~閎

EPF22.275
~駿乘第廿一

EPT68.174
~彭

EPT52.39
其一詣刺史~掾

EPF22.258 隧長~匡

EPT59.351 ~竟

EPT68.36 ~良

EPT68.189 ~彭

EPF22.704 鄣卒~圍

EPT59.408 ~憙

止部

0105

止

止

49

EPT56.190 ~害隧長

EPS4T2.25 左~城旦

EPF22.189 ~害隊長

EPT59.27 ~害隊長

EPF22.193 永~

EPF22.195 ~害隊

EPF16.44 天田屯~

EPT58.11 ~北隊

EPT51.188 ~北隊

EPF22.190 ~害隊

EPT52.385B 等~謝卿

0106

歬

歬

136

前 EPF22.446 如~

EPF22.329 具言~言狀

EPT52.416A ~移

EPT51.77
～所移籍

EPT49.46A
～有記在亭中

EPF22.30
～言解

EPT40.6B
已～出

EPS4T2.114B
久不見～

EPT51.373
延年～

EPT59.89
～署

EPS4T1.14A
其七百已～賦

EPF16.39
坐～

EPT57.55B
謁官掾居～

EPF22.192
～言解

EPT50.170A
～見

0107

歸

69

EPF22.30
不肯～

EPF22.32
今欲～

EPF25.21
良～遮虜田舍壹

EPT52.1
張～取卒張歸

EPT52.1
張～取卒甯橫

EPT52.165
過～其家

EPF22.61
持～游擊亭

EPT68.37
還～邑中

EPT56.19
候長通～

EPF22.196
騎～吞遠隧

EPF22.195
後～止害隧

EPT43.103
～取婦

癶部

0108

登

13

EPT40.32 卒高~取

EPT50.49 未食~

EPS4T1.20 ~取一束

步部

0109

步

50

EPT44.13B ~足來

EPT59.6 一里卌六~

EPT53.40 十~

EPT58.36 五十~

EPT51.104 ~利里

EPT58.94A 郤君幸~

EPT57.78 二千七十~

EPT57.78 七千一~

EPT57.78 十四萬七千卌~

EPF22.198 ~到

0110

歲

159

EPT43.6 萬~候長

EPT53.161 萬~候[長]

EPF22.249 萬~候長

EPF22.63A
半～之直

EPT56.100B
萬～

EPF22.22
齒八～

EPT51.12
齒四～

EPF22.353
年五十二～

EPF22.61
萬～候長

EPF22.23
齒八～

EPF22.21
年六十六～

EPF22.22
齒五～

EPF22.77
～竟

EPS4T2.44
以～數免

EPF22.256
萬～候長

EPF22.8
齒八～

EPF22.5
八～

EPF22.11
少八～

EPT68.16
年卌八～

EPF22.5
齒五～

EPT59.81
十六～

此部

0111

此

44

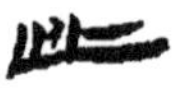
EPT40.203
～天下利善劍也

EPT59.176
與～千三百

EPT59.652A
謹～記行問

EPT68.223
以～知而

EPT68.39
以～知而劾

EPF22.362
以～知而劾

正部

0112

正

正

179

EPT50.198A
～月

EPT17.2
～月

EPF22.85
～月辛巳自取

EPT52.470A
～月

EPT52.470B
～月

EPF22.84
～月辛巳自取

EPT49.45A
～月廿五日

EPT58.11
～月

EPT43.62
～月

EPT65.213
～月

EPS4T2.133B
～月

EPT68.78
～月

EPF22.335
二年～月甲戌

EPF22.30
願詣鄉爰書是～

EPF22.398
七年～月

EPF22.26
盡今年～月

EPF22.451
～月

EPT68.77
～月

0113

乏

21

EPT59.205
~月

EPT52.420
~月

EPT58.84
~月

EPT52.194
~月

EPT52.262
~月

EPT59.260
~月

EPT8.1A
~月

EPF22.188
今年~月中

EPT59.82
~候朢

EPF22.627
~候朢

EPT20.31
尚~食

EPT20.31
皆~餓

是部

0114

是

10

EPF22.30
願詣鄉爰書~正

EPF22.727
非~賢

EPT56.7
~服言

辵部

0115

迹

221

EPF22. 355
蓬火～

EPS4T2. 4
日～簿

EPT44. 22
～符右

EPT56. 22
日～

EPT44. 21
～符左

EPF22. 353
以～候

EPT51. 207
日～簿

EPT58. 105
日～簿

EPT58. 35
～盡

EPT52. 82
出入～

EPT49. 25
第六日中～檮

EPT49. 23
第六～檮

EPT68. 35
～候

EPT52. 53
出入～

EPT48. 6
日=～

EPT27. 30
謹逆踵～

EPT27. 27
郭～

EPT51. 42B
十二月吏卒日～簿

EPT8. 14
候長～不窮

EPT52. 53
孝～盡

EPF22. 587
日～

EPF22. 414
明旦踵～

0116
辻
24

徒
EPF22.65A 試守～丞

EPT58.36 ～三千人

EPT58.37 ～七百廿七人=

EPT57.15 卒～

0117
隨
18

EPT40.204 ～逢上者

EPF22.287 ～衆

EPF22.195 ～放後歸

0118
遵
3

EPF22.65A 張掖大尹～

0119
適
40

EPT26.14 已調～吏卒

EPT59.96 ～爲戍卒

EPF22.364 所受～吏

EPT5.6 請財～三百里

EPT51.323 ～鹽

EPT6.5 九尺～

EPF22.574A 財～五百束

0120
過
72

EPT68.18 ～候飲

EPT20.31 晷～在萌

EPT59.570 倚～私留

0121 進

27

EPT52.165 不悔～

EPF22.131 不～界中

EPF22.137 不～界中

EPF22.44 嫁聚～令者

EPT52.166 ～書刺

EPF22.791 幸母～獲□

EPT51.295 ～

EPS4T2.8B ～百里

EPT65.39 ～罪累仍

EPT44.8B 數～所便

EPT26.12 ～所安

EPF22.820 數～

EPT53.19 不得～

0122 造

24

EPF22.330 上～

EPF22.58 上～梁普

EPT13.7 上～莊立

0123 逆

15

EPT14.2 ～胡隧長徐昌

EPT68.87 騎驛馬一匹馳往～

ESC.2A 遂其～亂者

0124 迎

16

EPT65.55A 長吏～受

EPT65.35 ～水部掾三人

EPT52.544 非～奉遣回

0125
遇
3

EPT50.226 ～意見

EPF22.246 以文理～士卒

0126
逢
11

EPT40.203 其～如不見

EPT40.47 道～

EPT40.203 白堅未至～

0127
通
49

EPF22.353 以迹候～

EPF22.694 ～耐夫當未

EPT56.188 一～

EPT49.62A ～國米五斗

EPT52.608 二～

EPT65.38 不以時～

EPF22.274 即日藁～君

EPT56.19 ～歸

0128
䢒
22

徙 EPF22.61 ～署

EPT59.106 ～缺

EPF22.644 ～缺

0129
遷
28

EPT51.187A 翟～

EPF22.59 ～缺

EPF22.56A 牒書吏～

EPF22.57 ～缺

EPT51.1 ～責漢光

EPF22.648 男子劉～

0130 還

92

EPF22.25 ～到北部

EPF22.194 ～與放馬

EPF22.189 行檄～

EPF22.197 ～騎

EPT44.4A 一宿～

EPT52.408 ～盾

EPT59.570 ～到隧

EPT59.374 ～

EPF22.193 ～到

EPT53.67 ～

EPT56.20 ～到隧

EPT17.4 ～問官兵物

EPF22.12 ～到

0131 送

12

EPF22.492 ～省卒食道上

EPT5.25 遣吏～詣里所

EPS4T2.48 ～致殄北

0132 遣

182

EPT59.68 ～寬

EPT48.4 受～

EPT52.416A ～士吏

EPF22.476 ～隧長

EPT4.1 ～隧長

EPF22.367 ～問

EPF22. 43
不～

EPF22. 389
～之官

EPT65. 177
～奴之官

EPT26. 1
～城北隧長

EPF22. 473A
餔後～

EPF22. 431
～之官

EPT59. 105
～尉史

EPT65. 35
～守千人

EPT51. 1
～兩吏

EPT52. 13
時～

EPF22. 648
～新占男子

EPF22. 369
日中受～

EPF22. 290
～之官

EPT52. 13
趣～

EPT57. 52
君～

EPT2. 10
亟～追捕

EPF22. 582
己～之官

EPF22. 342
～宏逐索不得

EPF22. 284
府～督盜賊

EPT57. 51
謹～

EPT44. 8A
～崔尉史

EPT2. 5B
～使

EPT21. 12B
～李

0133 遲

17

EPF22.324 留～

EPF22.125 留～

EPT49.4B 尉～問之

EPT50.60 留～

EPF22.139 留～

EPF22.134 留～

0134 遺

5

EPF22.691 ～脱

EPT52.80 ～豬餘魚

0135 遂

18

EPT51.301 所屬候史成～

ESC.2A ～其逆亂者

EPT40.205 及雲氣相～

0136 追

22

EPF22.237 ～逐具

EPT59.1 ～逐器物

EPT65.513 ～之

EPT52.16A 重～之

0137 逐

25

EPT68.26A ～捕

EPT68.23 ～捕未得

EPT59.1 追～器物

EPF22.362 ～捕未得

EPF16.51 ～之

EPF22.237 追～具

EPT68.88 ～丹

0138 近 13

EPF22.69 至旁～郡

EPF22.68 以～秩次

EPF22.153A 以～秩次

0139 迫 24

EPT65.200B 拘～不得

EPT53.48 前～

EPF22.590 ～河欲解

0140 遏 1

EPT52.165 ～歸其家

0141 遮 13

EPF25.21 良歸～虜田舍壹

EPF22.393 ～虜舉蓬火不至

EPS4T2.60 ～□□

0142 遠 130

EPT59.69 呑～候長

EPT52.205 呑～隧

EPF22.196 呑～隧

EPF22.143 明付呑～助

EPF22.147 呑～隧

EPF22.293 呑～候長

0143 道 68

EPT58.11 萬～一人

EPT57.10A ～里便稟

EPF22.325A 還～不通

（道）

EPF22.27 積行～廿餘日

EPF22.145 持檄～宿

EPT52.533 當～

EPF22.19 行～廿餘日

EPT56.162 張叔～

0144 邊 30

邊 EPT68.23 蘭越于～關儌亡

EPT52.616 勞～使者

EPT68.92 不憂事～

0145 迍 1

EPT52.31A 望～上見屋南

彳部

0146 德 43

EPT58.1 東郡白馬仁～里

EPT52.46A 糞土臣～

EPT2.14 疑～廑罪

0147 復 85

EPF22.62A 不～與循會

EPT57.57 皁～綺

EPT59.7 ～作

EPF22.658 鋌六月～

0148 往

46

EPF22.330 ～十餘歲

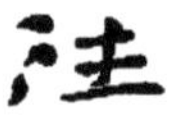

EPF22.463B 得奉穀～

EPF22.502 方～課

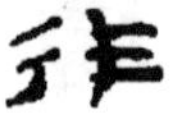

EPF22.387 ～來積私

0149 循

41

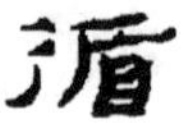

EPT50.141 樊～

EPF22.61 ～服六石弩一

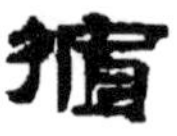

EPF22.61 與～俱休田

EPF22.153A 丞～行

EPF22.65A ～下部大尉

EPF22.159 憲等～行

EPF22.412 候長～行部

0150 微

14

EPF22.24 ～瘦

EPF22.8 ～瘦

EPT57.27 察～卒

0151 徐

96

EPF22.352 城北隧長～惲

EPT40.148 ～威

EPT52.126 ～輔

EPT59.350 ～隆

EPF22.97 止堂隊長～歆

EPF22.270 臨之隊長～

EPT56.24 ～延壽

0152
待

4

EPT27.3 便舍～報

EPF22.547 還～

0153
假

25

EPF22.723 佐～（假）假假

EPF22.723 以～（假）佐

EPF22.319 ～（假）亭隧

EPF22.318 ～（假）亭隧

0154
後

55

EPF22.23 ～二三日

EPF22.25 ～恩

EPF22.382 隧長～休

EPT5.6 以戒～

EPF16.51 從～

EPT68.185 良隋～出

EPF22.195 隨放～歸

EPT68.37 其莫日入～

EPT68.208 ～不欲代詡

EPT65.374 逋～失期

0155

得

350

EPT52. 557
已~閏月

EPF22. 243
禄食盡~不

EPT52. 179
已~二百

EPT51. 377
鱳~

EPF22. 24
恩到鱳~

EPF22. 23
所~商牛黄

EPF22. 22
之鱳~賣

EPF22. 686
~復見日月

EPT52. 214
鱳~

EPF22. 30
所~就直牛

EPF22. 29
以~卌二萬

EPF22. 27
鱳~付業錢

EPF22. 27
又從鱳~

EPT49. 46A
~之不

EPF22. 63A
~食卿録

EPF22. 53A
毋~伐樹木

EPF22. 223
生捕~酋豪

EPF22. 29
到鱳~

EPF22. 63A
吏不~容姦

EPF22. 26
不~賈直

EPF22. 429
復~嚴穀四斗

EPT65. 36
願~

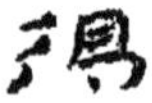
EPT52. 21
收~

EPF22. 612
穀不可復~

EPF22.23
到鱳~

EPT68.88
略~

EPF22.39
毋~鑄作錢

EPS4T1.21
已收~

EPF22.164
不當~赦者

EPT59.177A
未~積三百

EPT27.1
沐~

EPT20.19B
~以時白

EPF22.197
不能~

0156

律

163

EPT59.94
如~令

EPF22.56A
如~令

EPF22.70
如~令

EPF22.21
罪反罪之~

EPF22.693
~令

EPF22.462A
如~令

EPT52.324
如~令

EPT68.56
如~令

EPF22.71A
~令

EPF22.35
如~令

EPF22.154
如~令

EPF22.160
府書~令

EPF22.502
如~令

EPT68.32
~令

EPF22.251
如~令

EPF22.247A
如~令

廴部

0157 廷

延 9

EPF22.29
~移甲渠候書

EPF22.21
以~所移甲渠候書

EPF22.30
~却書曰

EPT56.69
寺~里

EPF22.1
以~所移甲渠候書

0158 建

建 435

EPF22.468A
新始~國

EPF22.444
~武三年

EPF22.468B
新始~國

EPF22.651
~武桼年

EPF22.29
~武三年

EPF22.56A
~武五年

EPT51.147A
~始五年

EPT51.151B
~昭二年

EPF22.249
萬歲候長何~

EPF22.353
~武三年

EPF22.355
~武六年

EPT59.579
周~

EPF22.391
~武八年

EPF22.80
~武三年

EPF22.169
~武桼年

EPF22.126A
~武四年

EPF22.38A
~武六年

EPF22.45A
~武四年

EPF22.247A
~武五年

EPF22.334A
新始~國

EPF22.318
~武六年

EPF22.42
~武六年

EPF22.53A
~武六年

EPF22.250A
~武五年

EPF22.254A
~武五年

EPF22.187A
~武三年

EPT68.78
~武六年

㢟部

0159

延

492

EPF22.27
來到居~

EPF22.644
居~甲渠

EPT68.16
居~絫山里

EPF22.56A
居~令

EPF22.330
居~臨仁里

EPF22.74
居~令

行部

EPF22.68
張掖居～城司馬武

EPF22.72
居～都尉

EPF22.73
居～都尉丞

EPF22.75
居～丞

EPF22.76
居～左右尉

EPF22.25
俱來到居～

EPT59.339
張掖～城

EPF22.34
居～令

EPF22.78
居～城司馬

EPF22.153A
以居～倉長印封

EPF22.153A
張掖居～城司馬武

EPF22.71A
張掖居～都尉

EPT59.450
～都尉章

EPF22.351
居～

EPF22.193
居～收降亭

EPF22.189
居～收降亭

EPF22.147
去居～百世里

EPF22.127
居～都田嗇夫丁

EPT5.25
居～令

0160

行

410

EPT52.104 ～長史事

EPF22.158 ～候文書事

EPF22.709 以郵～

EPF22.159 憲等循～

EPT59.17 ～者走

EPT57.49 ～事

EPT51.145 以亭～

EPT51.152 以亭～

EPT52.165 不忍～重罰

EPT20.4A 循～

EPT53.186 吕異衆等～

EPT48.158A ～塞舉

EPT56.75 馬馳～

EPT48.132 ～視

EPT59.160 ～大尹文書事

EPT51.140 以亭～

EPT68.37 夜～迷河

EPT68.49 夜～迷

EPF22.149 習典主～檄書

EPF22.65A ～副咸事

EPF22.649 ～書不中程

EPF22.148 定～廿九時二分

EPT51.144 故～

EPT59.18 以亭～

EPF22.39
輒〜法

EPF22.230
乃〜購賞

EPF22.221
皆不當〜

EPF22.48A
〜候事

EPF22.68
〜都尉文書事

EPF22.64A
〜詔書

EPT56.284
脩〜

EPT56.1
馬馳〜

EPT56.189
〜事

EPF22.153A
令丞循〜

EPF22.23
沽出時〜錢卌萬

EPF22.472
以郵〜

EPF22.466
以亭〜

EPF22.692
乃〜購賞

EPF22.153A
〜都尉文書事

EPF22.22
商育不能〜

EPF22.24
擇可用者持〜

EPF22.69
以縣廄置驛騎〜

EPF22.29
沽出時〜錢卌萬

EPF22.242
〜塞勞勑吏卒記

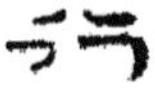
EPT56.108A
〜居延都尉

EPT56.108B
以請詔〜

EPT52.398A
毋害〜

EPF22.197
〜檄

EPT56.88B 故～

EPT59.267 傳～

EPT59.34A 以亭～

0161

衛

9

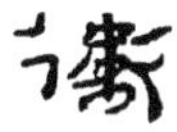
EPT6.13 宿～不敢失實

EPF22.63A 奉共養宿～

齒部

0162

齒

18

EPF22.4 特～

EPF22.23 ～八歲

EPT59.81 革～耳

EPT59.81 ～十六歲

EPT65.45 ～七歲

EPF22.8 ～八歲

EPF22.22 ～八歲

EPF22.5 ～五歲

EPF22.22 ～五歲

足部

0163

足

71

EPT48.139 馬～

EPF22.721 患害不～悛

EPT59.110 不～以報

EPF22.287 隨衆死不～報

EPT53.111A 實～下

EPT59.266 穀度～皆予者

EPT48.51B ～足足

EPT51.288A 曼卿～

EPT52.278A 馬～下

EPT50.42A ～下

EPT48.16 ～下

品部

0164

品

28

EPT52.45 火～約

EPT59.274 條～

EPT59.142 戰鬬～

冊部

0165

扁

7

EPF22.399
兵弩～戾

EPF22.399
兵弩～戾

㗊部

0166

器

29

器 EPT40. 202
故～者起拔之

EPT40. 207
新～

EPT59. 1
～物

EPF22. 26
不敢取～物

EPF22. 26
欲持～物

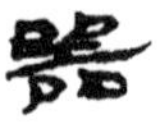

EPF22. 26
取軸～物去

EPF22. 32
～物幣敗

EPT40. 202
無推處者故～也

EPT55. 5
～簿

EPT52. 15
鐵～

EPF22. 14
取～物

舌部

0167

舌

3

EPT 49. 9
口～使語言不可聽

EPT8. 31
斷～不言

干部

0168

干

34

EPT52.592A ～房

EPT44.33A ～及

EPT59.6 ～柱

EPF22.622 靳～

㕯部

0169

商

15

EPT48.135B 華～

EPF22.22 甲渠令史華～

EPF22.22 ～即出牛

EPF22.23 所得～牛黄

EPF22.27 時～育

EPF22.4 ～即出牛

EPF22.4 華～

EPF22.7 所得～牛

EPF22.4 ～育不能行

句部

0170 拘　（篆）7

EPT65.200B　～迫不得

EPT59.238　自～囚

EPT20.8　黨來～（鉤）校兵物

0171 鉤　（篆）5

EPT53.132　小～一

EPT59.340B　～一

古部

0172 古　（篆）11

EPT 59.353　故終～隧長高嚴

EPT52.564　終～

EPT52.56　居延甲渠終～

十部

0173 十　（篆）2244

EPT57.51　～五枚

EPT50.144B　七～

EPT56.23　六～

EPF22.183　寅矢千八百五～

EPT52.378　正月盡～

EPF22.148　除界中～三時

EPF22.13
～斤

EPF22.431
食訖～月

EPF22.126A
四年～一月

EPF22.177
見千二～八

EPF22.178
少九百五～

EPT53.30
～月乙亥

EPT52.358
取錢～月奉

EPF22.318
四月～六日

EPF22.176
稾矢三千五～

EPF22.181
少三～九

EPF22.212
～二月辛酉

EPF22.343
第～隧助吏陳當

EPF22.5
直六～石

EPF22.147
檄當行～三時

EPF22.451
三百六～六斛

EPF22.313
五～六

EPF22.399
第～七部候長

EPF22.17
～三石

EPT53.30
八～

EPT52.89
～二月

EPT52.394
～月

EPT52.114B
～一

EPT52.251
～四人

EPT43.10
二～八

0174

丈

75

EPF22.34
~二月己卯

EPF22.536
五年~月

EPF22.337
三年~一月

EPF22.314
餘盾六~桼

EPF22.357
第二~九隧長鄭慶

EPF22.65A
~月辛酉

EPT52.5
五~

EPT52.5
其~

EPT52.506
~八

EPT58.36
五~步

EPT58.36
五~六

EPT68.198
五~

EPT6.81
~八

EPT16.2
二~三

EPF22.80
匈脅~滿

EPT59.15
六十一~

EPT58.36
高~二尺

EPT51.310
長四~

EPT56.124
八十~

EPT58.37
~二尺

EPT58.36
廣~二尺

EPT52.29
百一十~

EPT20.29
十~

EPT43.46 三~

EPF22.293 一匹二~

EPT59.342 二~

0175

千

474

EPF22.25 大笥一合直~

EPF22.23 載魚五~頭

EPF22.25 萬五~六百

EPF22.13 石三~

EPF22.27 市穀決石四~

EPF22.29 載魚五~頭

EPT52.177 二~七百束

EPT52.177 二~束

EPT56.73A 凡二~八十

EPT52.2 ~二百卌

EPT51.373 凡錢~

EPT52.110 五~一百

EPF22.31 萬五~六百

EPF22.25 輝索二枚直~

EPF22.183 今~八百五十

EPF22.45A 萬五~

EPF22.70 ~人

EPF22.12 直~

EPT56.267 七~三[百]

EPT51.117 七萬六~

EPT52.546 ~七百

EPF22.71A
~人官

EPT20.4A
~人

EPT58.36
八~尺

EPF22.179
見二~六百

EPF22.325A
帛萬二~

EPF22.176
二~二百五十五

EPF22.395
臧~錢以上

EPT58.36
三~

EPT59.30
~四百

EPT59.82
候長~

EPT52.604
六~

EPT56.17
~二百五十

EPT53.192
傳~秋

22.503
二~枚

EPF22.179
寅矢二~五百五十

EPT59.31
~一百

EPF22.311
二~四百廿二

EPF22.179
稾矢三~三百

EPT27.11
五~

EPT40.5
三~二百五十

EPT52.559
~二百

EPT50.12
三~

0176

博

博

43

EPF22.247A 甲渠守候～

EPT68.48 ～塱亭

EPT68.36 ～塱亭

EPT20.11 張～

EPT6.111A 博博博博～詣官

0177

廿

廿

548

EPF22.27 ～餘日

EPF22.23 齒八歲穀～七石

EPF22.26 爲穀～石

EPT44.22 ～三

EPT58.37 ～七

EPT58.23 ～三

EPT56.19 ～二日

EPT56.29 ～五

EPF22.23 牛一頭穀～七石

EPT58.35 ～九

EPF22.30 償不相當～石

EPF22.29 穀～七石

EPT52.53 ～九

EPT52.80 ～頭

EPF22.309 弩幡～五

EPT52.122 ～六

EPT52.240 ～六

EPT44.21 ～三

EPT58. 39
～六

EPT52. 103A
～二

EPF22. 708
數少～三

EPF22. 68
月～八日

EPF22. 155
八月～四日

EPF22. 275
第～一隊

EPF22. 301A
乘第～卌井隊長

EPF22. 28
～石

EPF22. 31
不相當穀～石

EPF22. 271
六月～日

EPF22. 354
第～九隊長

EPF22. 156
八月～六日

EPF22. 330
年～八歲

EPF22. 275
第～一

EPF22. 192
會月～五日

EPF22. 146
月～日

EPF22. 765
月～五日

EPT20. 11
～頭

EPT52. 324
～五

EPT52. 322
直～

EPT52. 533
～

EPT68. 213
～三

EPT59. 176
百～五

EPT65. 33
～三

0178

卌

121

EPT65.40
~三

EPT58.36
~六

EPT58.37
一千~八

EPT58.37
四百~一

EPT56.29
~三石

EPT51.86
~五

EPT59.7
百~五

EPF22.29
錢~萬

EPF22.308
百~四

EPF22.371
~餘騎

EPT51.417
~五

EPT53.200
其~完

EPT56.93
第~五

EPF16.43
~餘騎

EPF22.642
~二石

EPF22.23
錢~萬

EPT68.9
~九

EPF22.6
穀~石

EPF22.7
錢~萬

EPT51.82A
三百~八

EPT51.192
二百~二領

EPT68.16
~八

EPT51.323
~石

卅部

0179

卅

卅

331

丗 EPF22.123
~六石

EPF22.29
以得~二萬

EPF22.125
~井關守丞

EPF22.151AB
~井關守丞匡

EPF22.24
錢~二萬

EPF22.355
年~二歲

EPF22.249
守~井尉

EPF22.127
~井關守丞

EPF22.73
奉穀月~石

EPF22.257
守~井塞尉

EPF22.136
~井關守丞

EPF22.117
第~隧長

EPF22.307
~一

EPF22.10
錢~二萬

EPF22.120
第~一隧長

EPF22.142
~井誠勢北隊長

EPF22.384
償穀~石

0180

世

57

- EPT58.35 安～
- EPT58.87 安～
- EPF22.335 建～二年

言部

0181

言

943

- EPF22.21 不更～請者
- EPT26.17 敢～之
- EPT6.40 ～王氏
- EPT5.9 敢～之
- EPF22.29 敢～之
- EPF22.65A 書=到～
- EPF22.62A 敢～之
- EPF22.163 敢～之
- EPT52.21 自～
- EPT52.126 自～
- EPT52.264 敢～之
- EPT52.506 自～
- EPT52.408 課～府
- EPT53.153 敢～之
- EPF22.369 中到課～
- EPF22.45A 敢～之
- EPF22.397 輒亟～
- EPT49.64A 汝～欲行

EPF22.697A
黨伏地～

EPT40.36
具～狀

EPF22.608
謁～府

EPT52.254
敢～之

EPF22.288
先以證不～請

EPF22.165
敢～之

EPF22.554
自～府

EPT48.25
寫移敢～之

EPF22.351
敢～之

EPF22.417
敢～之

EPT68.80
敢～之

EPT59.75B
～卒當來

EPT65.129
誠叩頭～

EPT61.4
自～

EPF22.454
須～府

EPT48.75
～勸農

EPT50.6B
伏地～

EPF22.187A
敢～之

EPF22.338A
吏名月～簿

EPF22.191
明處～

EPF22.136
守丞匡～宮

EPF22.53A
敢～之

EPF22.52
敢～之

EPF22.43
敢～之

0182

語

12

EPT68.55
敢～之

EPT59.126
敢～之

EPT13.1
充敢～之

EPT65.113
叩頭再拜～

EPT49.51
敢～之

EPT13.1
籍一編敢～之

EPT56.150
～丘異

EPT49.9
～言

EPF22.887
以時～惲

EPF22.463B
幸～賈直

EPT52.356B
言～如故

0183

謂

93

EPT59.54
～甲渠塞候

EPF22.26
粟君～恩

EPF22.462A
～城倉

EPF22.452
～第四候長

EPF22.153A
～官縣

EPF22.71A
～官縣

EPF22.23
粟君～恩曰

EPT6.7
告尉～呑

EPF22.56A
告尉～鄉

EPF22.250A
～第十四

EPF22.8
粟君～恩曰

EPF22.254A
～第十守

0184
請
93

EPF22.151CD ～不侵候長

EPF22.158 ～第四候長

EPF22.166 ～第四守候長

EPT52.357 萬～敞

EPT52.161 又候～

EPF22.21 不更言～者

EPF22.69 臣稽首～

EPF22.2 不更言～者

EPF22.200 ～行法

EPF22.82 ～令就醫

EPT51.21B 再拜～

EPT50.22 具以～對

EPT65.316 ～事

0185
謁
51

EPT59.161 ～報

EPF22.649 唯官～言府

EPT57.96 ～報

EPT52.533 ～言吏

EPT52.38A 移～報

EPT59.126 ～報

0186
許
26

EPF22.825A 官大奴～岑

EPT59.536 請～臣收罷官印

EPF22.304 不可～

0187 讎 2

EPF22.71B 己~

0188 諸 48

EPF22.523 令~部

EPF22.230 ~有功校

EPF22.164 ~不當得赦者

EPT57.108A ~當所具

EPF22.43 ~作使

EPF22.39 ~販賣

EPF22.325A 屯~山谷

EPF22.463B ~事皆掾所明

EPF22.304 ~以法食者

0189 詩 1

EPF22.384 □人~

0190 詳 4

EPT59.9A 嘉~吉事

EPF22.31 更~驗問

0191 識 4

EPT59.251 俱南卒李~

EPT52.1 陳不~

0192 謹 258

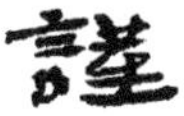
EPF22.159 以~敬

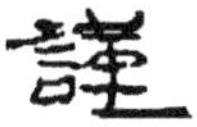
EPF22.170 ~驗問隆

EPF22.82 ~寫移

EPF22. 153A
～脩治社稷

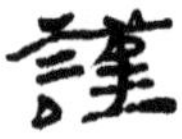
EPF22. 154
務以～敬

EPF22. 53A
～案

EPF22. 51A
～案

EPF22. 161
～敬

EPF22. 50A
～案

EPF22. 43
～案

EPF22. 129
～推辟

EPF22. 135
～推辟

EPF22. 140
～推辟

EPF22. 150
～已劾

EPT17. 28
～案

EPT56. 39
～下塞

EPF22. 279
～候朢

EPF22. 246
～以文理

EPS4T2. 52
～驗問

EPT44. 8B
～候望

EPT51. 21B
～因誰

EPT52. 21
～驗問

EPF22. 125
～推辟如牒

EPT59. 467
～承教省

EPF22. 340
～案

EPF22. 192
～驗問

0193
諶

4

EPT20.4A
張掖居延都尉～

EPF22.693
都尉～

0194
信

15

EPF22.230
皆有～驗

EPT49.87
去故從～

EPT53.133
～悳

0195
誠

77

EPT52.481
～北

EPT20.31
萌～服

EPF22.142
～勢北隊長

EPF22.391
～北部

EPT58.34
～北

EPF22.645
恩澤～深

EPF22.645
～

0196
詔

76

EPF22.67
如～書=

EPF22.68
如～書=

EPF22.164
～書曰

EPT26.10
～書

EPF22.452
如～書=

EPF22.65A
如～書=

EPF22.45A
～書曰

EPF22.360
～書

EPF22.447A
～捕虜

0197

諫

1

EPT3.10
私屬奴壽王～殺人

0198

課

31

EPF22.391
軍書～

EPF22.502
方往～

EPF22.528
郵書～

EPF22.290
到～言

EPF22.369
～言

0199

試

10

EPT51.89
常賢～射傷二檝

EPF22.65A
～守徒丞

EPT52.407
六～勞

0200

計

58

EPT50.29
～餘鹽

EPT52.36
能書會～

EPF22.27
不～賈直

EPF22.462A
付受與校～

EPF22.487
迫～四時到

EPT50.1A
～會辨治

EPF22.77
壹移～

EPF22.429
校～[案]

EPT6.17
若～善

EPT6.5
六尺～

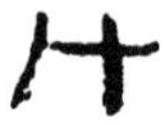

EPT52.576
～簿

0201 調

42

EPT26.14 ～適吏卒

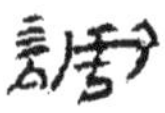
EPF22.462A ～給有書

EPF22.238 完堅～利

EPF22.256 今～守

EPF22.252 今～守

EPF22.248 今～守候長

EPF22.291 務令～利

EPT27.25 率～

0202 警

8

EPF22.196 ～檄

EPF22.459 方有～備

EPF22.199 行～檄

EPF22.190 行～檄

EPF22.186 行～檄

0203 謙

2

EPT40.206 劍～者利善

0204 誼

45

EPT51.189A 都尉～

EPF22.276 駿～

EPT52.359 時～對府

0205 詡

68

EPT49.6A 候長～

EPT8.6 九百～

EPT59.205 候長～

0206

記

126

EPF22. 461
九百～

EPT68. 46
杜～

EPF22. 588
隧卒鄭～

EPF22. 561
隧長張～

EPT4. 19
候～告尉

EPT40. 36
～得毋亡部

EPT65. 67B
第八九百～

EPF22. 30
今候奏～府

EPF22. 127
府～曰

EPT49. 19
尉～告劾衆

EPT40. 7
叩頭白～

EPT57. 16
～奏

EPT44. 5
爲～

EPT49. 47
～到

EPT49. 64B
人致～

EPF22. 289
～到

EPF22. 545
～到

EPT52. 112
市～

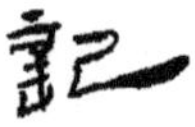
EPT16. 9A
～

EPT65. 200A
倉卒爲～

EPT59. 652A
謹此～行問

EPT65. 25B
因～

EPT49. 46A
～在亭中

EPT65. 200B
亭閒致～

EPT56. 72B
郭中卿～

EPT51. 213A
～到

EPF22. 188
府～曰

EPF22. 778
府～曰

EPF22. 188
守塞尉放～言

EPF22. 191
～到

EPT20. 5
府～曰

EPT56. 88A
～到

EPT52. 544
～到

0207

謝

11

EPT49. 34A
萬上～王仲

EPT53. 67
～君近使不遠

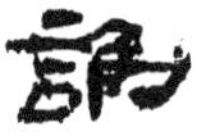
EPT51. 224A
都～敖等三人同食

0208

訖

7

EPF22. 431
食～十月

EPT56. 76A
計～

EPT56. 76B
～五月

0209

詣

286

EPT53. 16
～候長

EPT48. 138
～官取急

EPF22. 21
召恩～鄉

EPF22. 30
～鄉爰書是正

EPT49. 47
～縣自言

EPF22. 694
～吞

0210

謾

1

EPT8.5
～官

EPT14.7A
須遣～

EPT16.2
～官

EPT51.343
～張掖

EPT52.127
～官

EPT57.79
～府

EPT52.3
～居延

EPT65.37
～官

EPF22.1
召恩～鄉

EPF22.138
～府

EPF22.270
徐業～官

EPT68.184
～官

EPT51.17
～居延

EPT52.359
又～官

EPF16.40
～門下

EPT52.39
其一～刺史

EPF16.39
欲～門

EPT68.18
～官

EPF22.189
九日～部

EPT5.25
送～里所

EPF22.416
～非大不敬

0211	0212	0213	0214	0215	0216	0217
䜌	誤	訾	詐	譴	讓	證
6	11	15	3	2	5	53

0211 䜌 (6)

- ESC.6A 其～（鑾）人
- EPT53.31 貝丘翏里～宗
- EPT56.10 聊成昌國里～何齊

0212 誤 (11)

- EPT58.91 ～以糜百卅四石
- EPT56.175 昌劾輔火～守乏
- EPT59.77 八月爲書～

0213 訾 (15)

- EPT7.9 ～直伐閱簿
- EPF22.364 ～家
- EPT59.100 受～

0214 詐 (3)

- EPT52.281 ～移病書
- EPT59.249 勿令愚民爲巧～

0215 譴 (2)

- EPF22.38A 莫～苛

0216 讓 (5)

- EPT68.18 ～持酒來
- EPT 68.19 ～與候史

0217 證 (53)

- EPF22.62A ～知者如牒
- EPF22.329 ～知狀
- EPF22.28 皆～
- EPT51.41 自～
- EPF22.32 爰書自～
- EPF22.21 ～財物

EPF22.34 置辤爰書自～

EPT52.148 自～爰書

EPF22.1 ～財物

0218 診 (4)

EPT59.80 病～爰書

EPT40.24A 取～視三偶

0219 譯 (1)

EPT58.30 未傳爲～騎

0220 譚 (114)

EPT27.10 夏侯～

EPF22.288 掾～

EPF22.254B 掾～

EPT52.11 候長～護

EPF22.51B 掾～

EPT68.25 ～匈

EPF22.247B 掾～

EPT68.18 主官～

EPT59.87 掾～

EPT20.8 ～踵

EPF22.841 主官～

EPT20.5 夏侯～

EPF22.460B 掾～

誩部

0221 重

善

77

EPT40.202
劍利～

EPT40.202
利～者

EPT40.203
加以～

EPT40.203
利～劍

EPT40.205
～劍

EPT40.206
劍謙者利～

EPS4T2.114B
～毋恙

EPF22.697A
甚～

音部

0222

音

26

EPS4T2.35A
第八吏王～

EPT59.116
候長酈～

EPT31.2
都鄉佐～

0223

章

97

EPF22.667
卒東郭～

EPT52.553
都尉～

EPT50.30
陳～

EPF22.196
新沙置吏馮～

EPW.20
東郭～

EPT6.96
候長～

0224

竟

31

- EPF22.77 歲～
- EPT52.162 ～寧元年
- EPT59.267 尺～
- EPT59.351 趙～
- EPT51.23A ～寧元年

丵部

0225

業

65

- EPF22.25 皆在～車上
- EPF22.24 付粟君妻～
- EPF22.25 與～俱來
- EPF22.25 爲～糴大麥
- EPF22.27 付～錢時
- EPF22.25 恩與～俱來
- EPF22.27 爲～將車
- EPF22.686 令史張～
- EPF22.170 隊長常～
- EPF22.12 皆置～車上
- EPF22.16 付～錢
- EPF22.12 與～俱來

0226

對

23

- EPT50.200A 吏～會
- EPT50.200B 吏～會
- EPF22.582 獄～事

0227 重

對

對

15

EPT52.207 ～曰

EPT50.112 具～

EPF22.841 ～曰

EPT50.22 具以請～

EPT52.359 時誼～府

収部

0228

奉

奉

205

EPF22.63A 其～共養

EPF22.74 ～穀

EPF22.73 ～穀月廿石

EPF22.72 ～穀

EPF22.425 吏當食～者

EPF22.463B 謹因往人～記

EPF22.286 ～職數毋狀

0229

丞

丞

132

EPF22.56A ～審告尉謂鄉

EPF22.462A ～崇

EPF22.153A ～循行

EPT20.4A 謀行～事

EPT53.28 延水～

EPT57.15 令～候

EPF22. 153A ～以下當

EPF22. 75 居延～

EPF22. 71A ～崇

EPF22. 65A 試守徒～

EPF22. 151AB 卅井關守～

EPF22. 68 ～邯

EPF22. 73 居延都尉～

EPF22. 133 卅井關守～

EPF22. 153A ～邯

EPF22. 125 卅井關守～

EPF22. 557A □～移甲

EPF22. 127 卅井關守～

EPT20. 4A 令～循行

EPT56. 108A ～相御史下

EPT56. 77B ～相

EPT52. 413 右扶風順守～

EPT52. 96 ～焚

EPT5. 25 守～

0230

戒

8

EPF22. 159 齋～

EPF22. 154 齋～

EPT50. 1A 謹慎敬～

0231

兵

93

EPT58. 33 被～名籍

EPF22. 233 中國～

EPT52. 86 被～名籍

0232

具

175

EPF22.42 從~起以來

EPF25.2 折傷~

EPF22.399 ~弩扁戾

EPF22.61 校閱~物

EPT53.209 被~名

EPF22.460A 完~出入簿

EPT17.4 還問官~物

EPT20.9 穀~物

EPT20.8 拘校~物

EPT20.9 校~物

EPT40.36 ~物

EPT56.334 六石~弩

EPT51.224A 戍~少酒

EPF22.329 ~言前言狀

EPT59.571 天數~

EPT54.13 ~書居

EPT52.187 自校~

EPT17.15 餘~斤

EPT5.63A 六石~弩

EPT50.112 ~對

EPS4T1.7 四石~弩一

EPT50.22 ~以請對

EPF22.318 五石~弩一

EPF22.237 追逐～

EPF22.417 三石～弩一

EPS4T1.7 五石～弩一

EPT68.21 六石～弩一

EPT56.73A ～錢

EPT51.209 六石～弩一

EPT5.196 別～言

EPF22.691 其木官已～言

EPF22.691 ～官名

𠬜部

0233

樊

19

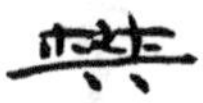
EPT52.5 ～非人

樊 EPT50.141 ～循

EPT49.47 隧長代～志卌二日

共部

0234

共

24

EPS4T2.114B 長～之官

EPF22.354 ～

EPT68.60 ～盜

EPF22.63A 其奉~養宿衛

異部

0235

異

15

EPT56.150 堂安里語丘~眾

EPT53.186 移戍卒呂~衆

EPF22.330 男同産兄良~居

舁部

0236

與

137

EPF22.25 ~業俱來

EPF22.27 以其賈~恩

EPF22.30 不~候書相應

EPF22.31 不當~粟君牛

EPF22.27 ~粟君

EPF22.22 ~交穀卌石

EPF22.25 恩~業俱來

EPF22.225 民~購錢

EPF22.232 ~購如比

EPT40.205 刀~劍

EPF22.61 ~循俱休田

EPT68.141 ~守塞

EPF22.354 鄭孝~子男慶

EPT68.25 候即時~令

EPF22.330 ~男同産兄

EPF22.5 ~交

EPF22.19 ~粟=君=

EPF22.62A 不復~循會

EPF22.5 ~交穀

EPF22.22 ~交穀十五石

EPF22.223 從奴~購如比

EPT59.176 ~此

EPT65.29 君哀~爲

EPF22.194 還~放馬

臼部

0237 重

䙳

2

EPF22.201 教敕~領

晨部

0238

農

49

農 EPT52.105 ~官田卒

EPF22.691 若郡~如玄

EPT59.62 ~事

EPF22.153A
告勸~掾

革部

0239
革
革
12

EPT59.19
~鞮

EPT58.73
~韋二兩

EPT59.81
已收頭~齒

0240
鞮
鞮
8

ES（T119）.1
~晉各五

EPT53.40
~汗里九百萬年

EPT59.19
革~

鬲部

0241
融
融
4

EPT49.6A
候長詡沈~

EPF22.70
都尉~

爪部

0242
爲
爲
380

EPF22.221
免~庶人

EPF22.221
~捕斬

EPF22.25
凡~穀三石

EPF22. 25
～業糴大麥

EPF22. 24
一枚～橐

EPF22. 154
約省～故

EPF22. 353
除～甲渠士吏

EPF22. 355
除～甲渠

EPF22. 154
不以～意

EPT59. 120
～绝異

EPF22. 358
塱～萬年隧長

EPF22. 17
～錢八萬

EPF22. 13
～業賣肉

EPF22. 6
凡～穀百石

EPF22. 7
約～粟君賣魚

EPT68. 10
～職

EPF22. 6
借恩～就

EPF22. 11
一枚～橐

EPS4T2. 114A
～勝

EPT59. 31
馮自～

EPF22. 4
～候粟君

为 EPF22. 200
坐藏～盜

EPF22. 463A
掾卿哀～

EPF22. 272
至今～吏

EPF22. 414
以～虜

EPT52. 556
主塞～職

EPT8. 31
～都吏

丮部

0243

孰

3

EPF22.325A 麥～（熟）

EPF22.384 待至麥～

鬥部

0244

鬭

11

EPF22.318 格～失亡

EPT59.142 卒戰～品

EPF22.319 格～失亡

又部

0245

又

90

EPF22.26 ～恩子男欽

EPF22.27 恩～從觻得

EPF22.29 ～借牛一頭

EPT40.203 ～視之

EPF22.13 ～到北部

EPF22.200 放～不以死駒付永＝

EPF22.31 ～以在粟君所

EPF22.14 ～恩子男欽

EPF22.63A ～加一等

0246

右

164

EPF22.33
~爰書

EPS4T2.135
~一人力農

EPT27.35
~第十九隧

EPT40.205
~幣劍六事

EPT40.207
~幣劍文

EPT27.36
~卒

EPT44.22
迹符~

EPT40.205
~善劍四事

EPT52.122
~第廿六隧

EPT59.35
~候一人

EPT52.65
~七人

EPT58.34
~誠北隧

EPF22.231
~捕匈奴虜購科賞

EPF22.235
~捕反羌科賞

EPT52.84
~南陽

EPF22.76
居延左~尉

EPT51.107
~臨桐隧

EPT59.231
~餅庭

EPT52.413
下~輔都尉丞

EPT51.20
~方一

EPT51.422
~餅庭部

EPF22.77
~以祖脱穀給

EPF22.241
~省兵物録

EPT59.220
~第十部

0247
父

34

EPT8.9
第四車~

EPT50.30
車~

EPF22.330
~母皆死

0248
曼

13

EPT59.7
~索一具

EPF22.215
妻君~取

EPT51.288
~卿足

0249
尹

25

EPT59.64
~禹

EPF22.65A
張掖大~遵

EPF22.65A
~騎司馬

0250
及

139

EPS4T2.151
~吏

EPF22.338A
~案庾主者吏名

EPF22.341
~牛廿餘

EPT68.88
~所騎

EPF22.69
~齎乘傳者

EPF22.651
~一家二人

EPF22.63A
~中人

EPF22.505
~三堠卒王尊

EPF22.45A
~列侯子

EPT40.205
~雲氣

EPF22.39
~挾不行錢

EPF16.40
不~

EPF22.195
放馬~駒

EPT59.238
而~紆

EPF22.691
~其妻子

0251

反

24

EPT52.788
～葬

EPF22.221
匈奴虜～羌

EPF22.281
～移病書

EPF22.564A
～責望家

EPF22.21
罪～罪之律

EPF22.2
罪～罪之律

EPF22.601
～逆賊

EPT52.165
～政捕掇

0252

取

417

EPF22.29
～客民寇恩

EPF22.26
不敢～器物去

EPF22.24
恩即～黑牛去

EPT59.63
～之

EPT52.15
多～

EPT59.204
候長武～

EPF22.95
四月辛亥自～

EPF22.26
欲～軸器物去

EPF22.85
正月辛巳自～

EPF22.97
四月辛巳自～

EPF22.90
三月丙戌自～

EPS4T2.114B
～奉

EPT58.60 自～

EPF22.206 妻君寧～

EPT52.1 自～

EPF22.211 妻君佳～

EPT52.605 自～

EPT49.62B 復從叔何～

EPT6.79 自～

EPF22.197 ～駒牢隊内中去

EPT6.5 自～

EPT6.6 卯妻～

0253

友

3

EPF22.436 陳～

EPF22.396 呑遠候長陳～

0254

度

13

EPT59.476 以後～從事

EPF22.39 令應法～

EPF22.38A 不如法～

𠂇部

0255

卑

8

EPT59.261 鮮～

EPT57.108B 積薪皆～

EPT51.77 ～赦之

史部

0256

史

671

EPF22. 60 斗令～

EPF22. 22 甲渠令～華商

EPF22. 58 尉～

EPF22. 153A ～尚

EPF22. 65A ～馮

EPF22. 452 兼尉～嚴

EPF22. 79 從～令田

EPF22. 248 第二隧長～臨

EPF22. 57 尉～鄭駿

EPF22. 56B 令～循

EPF22. 70 從～田吏

EPF22. 35 守令～賞

EPT56. 77B 刾～

EPT8. 5 候～

EPT20. 27 京兆～

EPS4T1. 5 學成～

EPT5. 47 尉～

EPT51. 142 尉～

EPF22. 596 尉～晏

EPF22. 59 令～孫良

EPF22. 4 尉～周育

0257

事

352

EPT48.7
守令～

EPT59.659
史～

EPT5.47
候～九人

EPT52.68
～武

EPT52.78
令～

EPF22.682
守尉～嚴

EPF22.258
第二隧長～臨

EPF22.65A
行副咸～

EPF22.65A
承書從～

EPF22.56A
給～補者四人

EPF22.61
迺癸巳視～

EPF22.153A
行都尉文書～

EPF22.60
萬～

EPF22.290
～已遣之官

EPF22.452
承書從～

EPF22.158
行候文書～

EPF22.694
恭視～積三歲

EPF22.582
☐獄對～

EPF22.463B
亟不～=在掾

EPT6.7
文書～

EPT40.205
右善劍四～

EPT40.205
右幣劍六～

EPT40.207
右幣劍文四～

EPT48.35
四時～

EPT58.38
上～者

EPF22.251
聽書從～

EPF22.255
聽書從～

EPT68.174
～狀

EPF22.557A
劾～已

EPF22.463B
諸～皆掾所明

EPF22.221
以科列從～

EPT65.200A
高執～

EPT59.75A
以～幸

EPT59.468
～事使

EPT68.15
從～

EPF22.186
以縣官～行警檄

EPF22.247A
聽書牒署從～

EPF22.199
永以縣官～行警檄

EPF22.45A
行候～

EPF22.697A
□□□～

EPT68.32
從～

攴部

0258
支

2

EPT 59. 49A 四~

聿部

0259
聿

1

EPT51. 187A 翟遷年卅~

0260
書

568

EPT49. 3 厭魅~

EPT51. 147B 算~

EPT52. 110 府~曰

EPF22. 729 餘~二封

EPF22. 28 它如爰~

EPF22. 34 置辤爰~自證

EPF22. 30 廷却~曰

EPF22. 30 不與候~相應

EPF22. 165 毋應~

EPF22. 160 府~律令

EPF22. 30 詣鄉爰~是正

EPF22. 221 ~到

EPF22. 221 有~

EPF22. 452 如詔~〓到言

EPF22. 689 它如爰~

EPF22. 649
行～不中程

EPF22. 32
爰～自證

EPF22. 30
～到驗問

EPT59. 339
詔～

EPF22. 247A
聽～牒署從事

EPF22. 68
～佐況

EPT26. 10
詔～

EPF22. 65A
如詔～〓到言

EPF22. 32
寫移爰～

EPF22. 164
詔～曰

EPF22. 33
右爰～

EPS4T2. 33
～一編

EPF22. 68
行都尉文～事

EPF22. 68
如詔～〓到言

EPT6. 7
文～

EPF22. 65A
史馮～吏

EPF22. 29
甲渠候～

EPF22. 158
行候文～事

EPF22. 162
詔～

EPF22. 153A
～到

EPT52. 553
南～一封

EPF22. 65A
承～從事

EPW. 14
書帛～

EPF22. 504
～到

EPT59. 36 奏發～檄

EPF22. 50A 府～曰

EPF22. 42 府～

EPF22. 64A 行詔～

EPF22. 251 ～到

EPF22. 251 聽～從事

EPF22. 71A 莫府～

EPF22. 56A 聽～從事

EPT56. 7 謹以府～

EPT59. 341 它如爰～

EPF22. 271 北行～

EPF22. 338A 己酉白～

EPW. 14 ～帛書

EPF22. 56B 此～已發

EPT59. 77 八月爲～

EPF22. 280 有～

EPF22. 281 反移病～

畫部

0261

畫

11

EPT50. 1A ～夜勿置

ESC. 56 ～夜候望

EPT53. 104A 即～見虜

臤部

0262 堅

15

EPT40.203 白～

EPT40.204 白～

EPT40.204 黑～

EPT40.205 在～中者

EPF22.187B 尉史～

臣部

0263 臣

31

EPT51.389 ～延年

EPT59.9A ～子

EPF22.69 ～稽首請

EPF22.63A 便～秩郎

EPF22.64A ～稽首以聞

EPT59.536 ～昧死以聞

0264 臧

45

EPT59.62 不收～（藏）

EPF22.2 ～（贓）五百以上

EPF22.395 ～（贓）千錢以上

殺部

0265 **殺** 27

- EPF22. 47A 毋得屠～馬牛
- ESC. 7A ～吏民及强盗者

寸部

0266 **寸** 40

- EPT51. 12 高五尺八～
- EPT 59. 15 六尺二～
- EPT 58. 37 六～

0267 **寺** 4

- EPT56. 69 ～廷里
- EPT 52. 14 近延近～居延令

0268 **將** 128

- EPF22. 24 所～育牛黑
- EPF22. 709 ～軍令
- EPF22. 65A ～屯偏將軍
- EPF22. 65A 將屯偏～軍
- EPF22. 38A 大～軍莫府
- EPT65. 37 候長～
- EPF22. 223 ～率者
- EPF22. 18 爲業～車
- EPF22. 70 大～軍

皮部

0269

皮

9

EPT59.363 河東郡～氏

EPT52.91B ～綺

EPT56.74 羊～冒革一

攴部

0270

故

142

EPF22.686 ～主

EPF22.417 ～候馮黨

EPF22.154 約省爲～

EPF22.160 ～

EPF22.161 約省爲～

EPF22.58 ～吏

EPT59.60 ～令候

EPT40.202 ～器也

EPT5.6 以新除～

EPT40.202 ～器者

EPT52.126 ～不侵候長

EPT52.2 ～候長

EPT59.353 ～終古隧長

EPS4T2.26 ～坐鬬以大

EPT8.18 ～執胡

EPS4T1.7
~傷一淵

0271 政

篆：50

EPT52.165
反~捕掫

EPF22.41
自~法罰

EPF22.414
~放舉火

EPF22.267
隧長榮~

EPT65.33
候長~

EPF22.448A
皃~

0272 數

篆：81

[illegible] EPF22.68
上赦者人~

EPF22.164
上赦者人~

EPF22.459
~循行

EPF16.40
時~

EPF22.415
~毋狀

EPF22.286
奉職~毋狀

EPF22.820
~進

EPF22.281
~召不詣官

EPT44.8B
魚~

EPT59.571
天~

0273 敞

篆：52

EPT59.34A
~亭行

EPF22.105
助吏王~

EPT52.357
萬謂~

0274 改

改

1

EPF22. 549
後〓不～

0275 變

變

11

EPT51. 2
欲言～事

EPT51. 270
詔書律～告

EPF22. 695
言～事者

0276 更

更

55

EPF22. 31
～詳驗問

EPF22. 21
不～言請者

EPF22. 330
～始三年

EPF22. 2
不～言請者

EPF22. 382
～具言

EPF22. 358
～始三年

EPF22. 282
～始三年

0277 斂

斂

2

EPW. 11
嘉霸各～部吏錢

0278 赦

赦

35

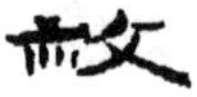

EPF22. 164
上～者人數

EPF22. 164
～天下

EPF22. 164
皆～除之

EPF22. 164
不當得～者

0279 敗

5

EPT52.173 腐～

EPT65.318 知其勝～

0280 寇

21

EPF22.29 客民～恩

EPF22.21 姓～氏

EPF22.233 ～盜殺略

EPT68.35 ～虜

EPF22.3 姓～氏

0281 收

76

EPT51.273 ～降亭

EPT52.21 已～得

EPT52.55 ～責

EPT51.357 ～降卒

EPF22.189 居延～降亭

EPF22.193 居延～降亭

EPT51.1 遣兩吏～

0282 牧

10

EPF22.43 民畜～田作不遺

EPF22.67 州～各下所部

EPT59.556 咎在州～

教部

0283

教

56

EPF22.151CD

～建武四年

EPF22.131

～敕吏毋狀

EPF22.559

～等上

EPF22.201

獲～勑要領

EPT53.177

府～適

卜部

0284

卜

4

EPT59.368A

宋里～憙

EPT44.32

中得爲母～祠

0285

占

13

EPF22.648

遣新～男子劉遷

EPT68.47

新～民

EPT68.35

新～民

0286 重

兆

7

EPT.20.27

財發京～史

ESC.97

京～尹

EPT5.191

京～

用部

0287

用

166

EPF22.65A 下當～者

EPF22.189 放騎永所～驛

EPF22.452 下當～者

EPT48.30 ～穀

EPT58.36 ～積徒

EPF22.438 ～穀三石

EPF22.426 候長食～穀致

EPF22.304 費～多

EPF22.505 財～皆

EPF22.29 ～牛一頭

EPF22.32 粟君～恩器物幣敗

EPT50.74 奉～錢

EPT59.231 ～食

EPF22.427 奉月～穀

EPF22.68 下當～者

EPF22.24 擇可～者

0288

庸

22

EPT51.305 ～

EPF22.26 市～平賈

EPT51.311 ～三百廿七

第四　目部——角部

目部

0289 目

目

14

EPT56.330 塢上毋深～

EPT51.411 ～玄

EPT 14.19 ～

0290 瞻

瞻

1

EPT49.30A 相～

0291 瞀

瞀

16

EPT20.3 鐵鍉～（鍪）五

EPF22.61 鍉～各一

EPF22.313 鐵鍉～

0292 相

相

135

EPF22.30 不與候書～應

EPF22.30 不～當

EPF22.28 不～當

EPF22.130 辤～付受

0293 督

督

22

EPF22.691 從事～察

EPF22.283 ～蓮掾

EPF22.169 門下～盜賊

EPF22.64A
～臧者考察

EPF22.284
～蘪

EPF22.284
～盜賊

EPF22.589
～蘪

眉部

0294

省

73

EPF22.246
愛利～約

EPF22.154
約～爲故

EPF22.351
府～察

EPF22.161
約～爲故

EPF22.650
～治臨桐

EPF22.236
行塞～兵物録

EPF22.521
校～弦雜臬

盾部

0295

盾

11

EPF22.314
餘～六十桼

EPF22.314
餘～六十桼

EPT68.185
取劍～

自部

0296

自

334

EPF22.85
正月辛巳～取

EPF22.164
～殊死以下

EPF22.27
～食爲業將車

EPF22.34
鄉置辤爰書～證

EPF22.32
爰書～證

EPF22.97
辛巳～取

EPF22.84
正月辛巳～取

EPF22.39
～今以來

EPF22.522
～給費直

EPF22.549
凶～在

EPF22.213
己巳～取

EPF22.90
丙戌～取

EPF22.200
擅～假借

EPF22.554
借人～代者

EPF22.269
候長何～不言

EPF22.554
～言府

EPF22.505
□～山卒周駿

白部

0297

皆

195

EPF22. 25
～在業車上

EPF22. 25
～在業所

EPF22. 22
～予粟君

EPF22. 27
～平牛

EPF22. 151AB
～後宮等到

EPF22. 221
～不當行

EPF22. 230
～有信驗

EPF22. 358
辤～曰

EPF22. 304
～自齋

EPF22. 854
咎～在部候長

EPF22. 164
～赦除之

EPF22. 28
～證

EPF22. 237
～知蓬火品約不

EPF22. 463B
諸事～掾所明

EPF22. 291
～毋所見

EPF22. 192
辤～曰

EPF22. 191
～知狀

0298

魯

9

EPT52. 208
～偃

EPF16. 43
負～攻隧

EPT58. 16
木～三

0299

者

330

EPF22. 65A
下當用～

EPF22. 62A
證知～如牒

EPF22. 35
以政不直～法

EPF22. 24
擇可用～持行

EPF22. 164
諸不當得赦～

EPF22. 64A
爵疑～

EPF22. 224
匈奴將率～

EPF22. 159
當侍祠～

EPF22. 56A
給事補～四人=

EPF22. 63A
常樂宮～

EPF22. 154
不以爲意～

EPF22. 49
毋犯四時禁～

EPF22. 52
時禁～

EPF22.9
擇可用～

EPF22. 45A
犯～

EPF22. 50A
毋犯四時禁～

EPF22. 2
不更言請～

EPF22. 554
借人自代～

EPF22. 425
當食奉～

EPF22. 360
使～治所

EPF22. 39
四時言犯～名

EPF22. 40
毋鑄作錢～

EPF22. 161
當侍祠～

EPF22. 695
上書言變事～

EPF22. 338A
主～吏名

EPF22. 304
皆以法食～

EPF22. 304
廚傳食～衆

0300

百

1070

EPF22. 25 直六～

EPF22. 61 稾矢銅鍭～

EPF22. 25 錢萬五千六～

EPF22. 308 ～卌四

EPF22. 451 三～六十六斛

EPF22. 311 二千四～廿二

EPF22. 325A 石千二～

EPF22. 469B 稾寅矢銅鍭～

EPF22. 461 第二隧長九～詡

EPF22. 22 凡爲穀～石

EPF22. 451 三～二十三斛

EPF22. 306 ～一十六

EPF22. 263 帛～三十六匹

EPF22. 38A ～姓患苦之

EPF22. 147 ～卌里

EPF22. 205 錢～廿

EPF22. 179 少八～

EPF22. 708 九～詡

EPF22. 177 千三～二

EPF22. 177 六～三十八

EPF22. 419A 千三～五十

EPF22. 177 千三～五十

EPF22. 176 二千二～五十五

EPF22. 574A 財適五～束

鼻部

0301
鼻

2

EPT59.81
決有～

習部

0302
習

45

EPF22.343
王～〻即日下餔

EPF22.130
隊長董～等

EPF22.144
隊長董～〻留

EPF22.84
隊長王～

羽部

0303
羽

3

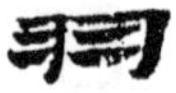
EPT40.206
帶～圭中文者

0304
翁

4

EPT53.65
充國唯～孟留意

EPF22.524
乃～

隹部

0305 翕

8

EPF22.301A 隊長張～

EPT68.71 范～等

EPT6.8 受士吏王～

0306 巂

1

巂 EPF22.69 越～

0307 雞

18

EPT40.207 鬬～

EPT52.52 ～前鳴七分

EPT51.273 正月甲申～後鳴

0308 雝

2

雍 EPF22.80 兩脾～（臃）種

萑部

0309 舊

2

EPF22.221 以～制律令

羊部

0310 羊

28

EPF22.24 ~韋一枚爲橐

EPT51.643 用~

EPF22.11 ~韋一枚爲橐

0311 牂

1

EPF22.69 ~柯

0312 羌

11

EPF22.221 捕~虜

EPF22.691 捕斬反~

EPF22.325A 聞~

EPF22.221 匈奴虜反~

EPF22.233 捕得反~

雔部

0313 雙

9

EPT40.206 保~蛇文皆可

EPT3.11 再拜奏雙隻雙~

雥部

0314 重 集

12

EPT51.304
一事～封

EPT 52.60
一事～封

EPT50.151
一事～封

鳥部

0315 鳳

111

EPF22.475A
令～乘第三

EPF22.166
督盜賊～

EPT53.22
五～四年

0316 鴻

23

EPT50.194
～嘉二功勞案

EPT50.200A
～嘉二年

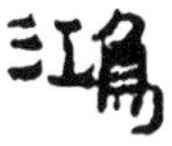

EPT52.477
～嘉元年

烏部

0317 重 於

14

EPF22.39
～都市

EPF22.38A
公賣衣物～都市

EPT52.165
非法～君

0318 焉

2

EPT59.266
而先奏～

華部

0319

畢

46

EPT52.220 已賦～

EPF22.32 粟君錢～

EPF22.27 錢～

0320

糞

2

EPT52.46A ～土臣德

冓部

0321

再

118

EPT40.8 吴陽書～拜奏

EPT52.46A ～拜

EPT68.19 飲～行

EPT53.159 昧死～拜

EPT59.29A 少仲～拜

EPT53.59B ～拜

EPT58.109B 地長～拜

EPT53.48 ～伏前迫

EPT52.219 令史音～拜言

幺部

0322

幼

15

EPT51. 416A 其六日～賓

EPT 50. 1 A ～子承昭

EPT50. 6B 兔承～子

𢆶部

0323

幾

4

EPT65. 61 五升～人

EPT58. 67 ～何

玄部

0324

玄

10

EPT51. 411 目～（眩）

EPF22. 69 ～兔

EPF22. 691 若郡農如～

予部

0325

予

52

EPF22. 28 不當～粟君牛

EPF22. 22 皆～粟君

EPF22. 23 ～恩顧就直

EPF22. 79 都尉以便宜～

EPF22. 70 都尉以便宜財～

放部

0326

放

64

EPF22.189 ~騎永所用驛

EPF22.195 隨~後歸止害隧

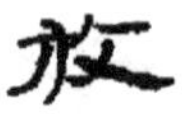
EPF22.197 還騎~馬行檄

EPF22.190 永持~馬

EPF22.192 謹驗問~

EPF22.200 ~又不以死駒付

EPF22.201 獲教勑要領~毋狀

EPF22.194 還與~馬

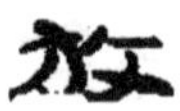
EPF22.195 ~馬及駒

EPF22.188 守塞尉~

EPF22.50A 甲渠塞尉~

EPF22.45A 甲渠塞尉~行

EPF22.48A 甲渠塞尉~

受部

0327

爰

78

EPF22.30 ~書是正

EPF22.32 寫移~書

EPF22.330 ~書驗問

0328

受

222

EPF22.32
～書自證

EPF22.28
它如～書

EPF22.33
右～書

EPF22.689
它如～書

EPT48.4
五月戊午～遣

EPF22.364
所～適吏

EPF22.369
丙申日中～遣

EPF22.593
～士吏孫彊

EPF22.142
～卅井誠勢北隊長

EPF22.136
不～

EPF22.331
～助吏時尚

EPF22.32
恩不肯～

EPF22.202
所～臈肉

EPF22.630
～張掾稾矢

0329

爭

4

EPT68.25
與憲～言

EPT68.20
～言

0330 重

𣪊

499

敢
EPF22.45A
～言之

EPF22.460A
獲～言之

EPF22.400
不～

EPF22.38A
~言之

EPF22.163
~言之

EPF22.82
匡~言之

EPF22.82
~言之

EPF22.127
~言之

EPF22.81
~言之

EPF22.165
~言之

EPF22.351
~言之

EPF22.52
~言之

EPF22.169
~言之

EPF22.62A
~言之

EPF22.80
~言之

EPF22.26
不~

EPF22.322
~言之

EPF22.43
~言之

EPF22.512
~言之

EPF22.187A
~言之

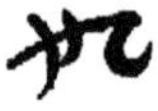

EPF22.201
~言之

歺部

0331

殊

5

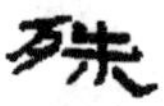

EPF22.164
自~死以下

EPT49.46B
何以~

0332

殄

58

EPT57.15
～北

EPF22.462A
～北言

EPF22.196
行～北警檄來

死部

0333

死

246

EPF22.726
～乘乘

EPF22.686
叩頭死罪～罪

EPF22.686
叩頭～罪死罪

EPF22.62A
叩頭～罪

EPF22.32
叩頭～罪死罪

EPF22.32
叩頭死罪～罪

EPF22.164
自殊～以下

EPF22.191
駒～

EPF22.199
駒～

EPF22.199
病～

EPF22.201
叩頭～=罪=

EPF22.339
～罪死罪

EPF22.274
～罪

EPF22.351
叩頭～罪死罪

EPF22.351
叩頭死罪～罪

EPF22.517
叩頭～罪死罪

EPF22.126A
叩頭～罪

EPF22.417
叩頭～罪

EPF22.200
〜駒

EPF22.187A
叩頭〜罪

冎部

0334
別

45

EPF22.68
罪〜之

EPF22.67
罪〜之

EPF22.739
因〜

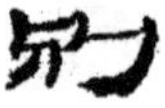
EPF22.164
罪〜之

EPF22.425
秩〜

EPF22.427
秩〜

骨部

0335
骨

4

EPT68.21
深至〜

EPT43.90B
復延〜各一

肉部

0336
肉

36

EPF22.25
買〜十斤

EPF22.13
賣〜十斤

EPF22.203
用〜致斤

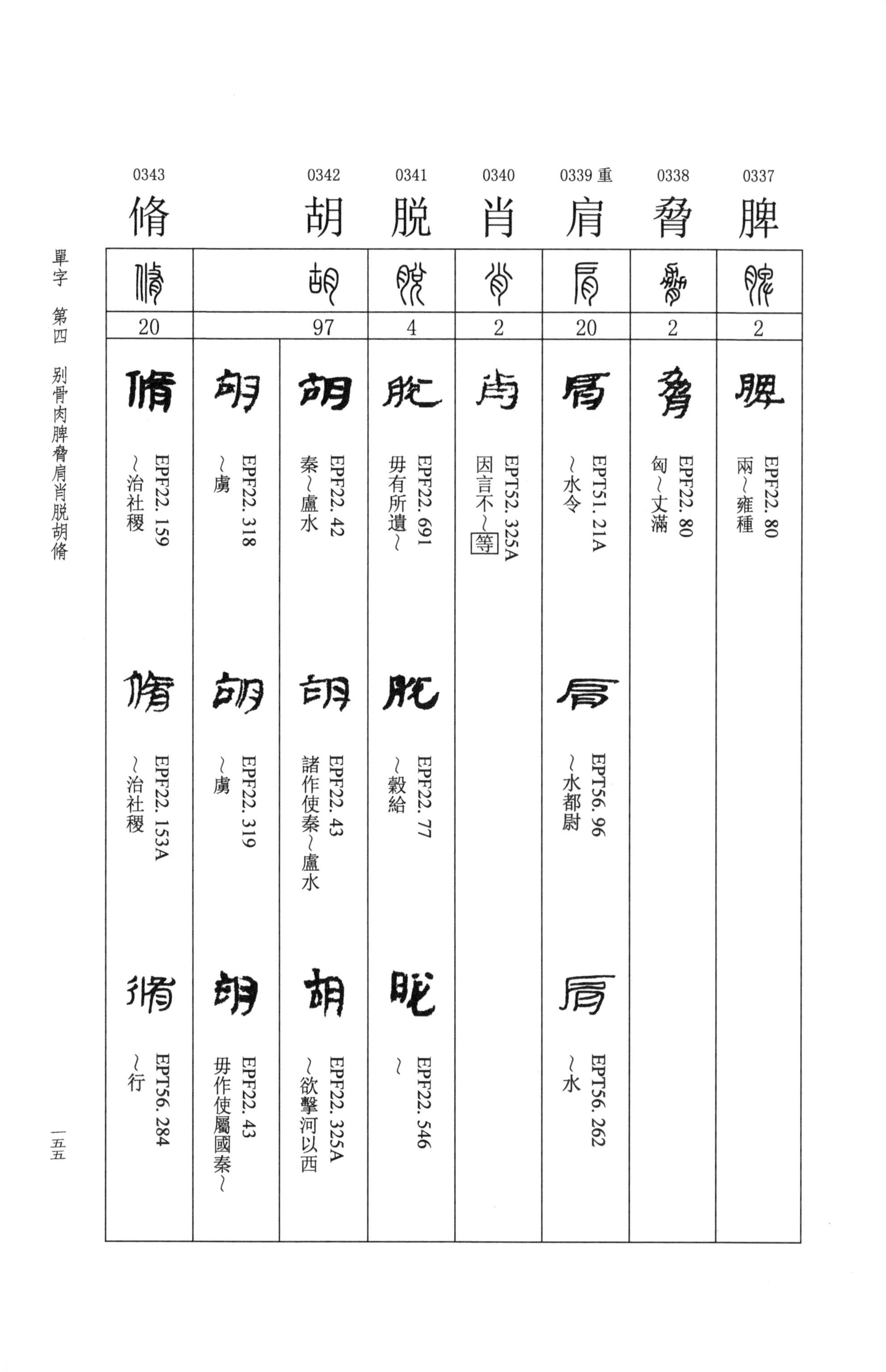

字號	字頭	出現次數	出處及辭例
0337	脾	2	EPF22. 80 兩～雍種
0338	脅	2	EPF22. 80 匈～丈滿
0339 重	肩	20	EPT51. 21A ～水令；EPT56. 96 ～水都尉；EPT56. 262 ～水
0340	肖	2	EPT52. 325A 因言不～等
0341	脱	4	EPF22. 691 毋有所遺～；EPF22. 77 ～穀給；EPF22. 546 ～
0342	胡	97	EPF22. 42 秦～盧水；EPF22. 43 諸作使秦～盧水；EPF22. 325A ～欲擊河以西；EPF22. 318 ～虜；EPF22. 319 ～虜；EPF22. 43 毋作使屬國秦～
0343	脩	20	EPF22. 159 ～治社稷；EPF22. 153A ～治社稷；EPT56. 284 ～行

0344 脂	0345 腐	0346 肎	0347 肥	0348 臈	刀部	0349 刀
6	1	15	9	30		24
EPT4.44 入～穀桼斗五升	EPT52.173 園中茭～敗	EPF22.32 恩不～受	EPT56.11 ～川	EPF22.211 ～錢八十		EPF22.643 ～几一
EPT40.163 買～六斤		EPF22.30 不～歸	EPF22.9 雖小～	EPF22.202 ～肉		EPT68.62 小尺白～
EPT52.21 士吏孫猛～		EPF22.887 不～以時語憚	EPF22.24 雖小～	EPF22.203 ～用肉		EPT59.2 刺馬～
				EPF22.207 ～錢八十		
				EPF22.214 ～錢八十		

編號	字頭	數量	出處	辭例
0350	利	57	EPF22. 238	鹿盧索完堅調~
			EPF22. 246	務以愛~省約爲首
			EPF22. 285	盧不調~
			EPF22. 291	務令調~
0351	初	35	EPT53. 209	~[元]五年
			EPT51. 461	~元五年
			EPT51. 193	~元年三月乙卯
0352	則	10	EPT40. 206	弱~利
			EPT56. 19	~
0353	副	5	EPF22. 65A	行~咸事
			EPT51. 87	卒鄧~
0354	辨	26	EPF22. 21	~告
			EPF22. 2	~告
			EPF22. 485	毋~食具
0355	列	9	EPF22. 221	以科~從事
			EPT65. 257A	以~割之等比
			EPF22. 45A	及~侯子
0356	制	16	EPF22. 221	舊~律令
			EPT49. 3	家長以~日踈魁名
			EPT59. 62	~詔納言

0357 罰

篆文字數：15

EPF22.41 自政法～

EPT48.134 卒歂～

EPS4T2.8B ～金半兩

0358 券

篆文字數：13

EPT2.9A 輸官財用～墨如牒

EPF22.422 □～刺及稾

EPT59.105 李崇持～詣府

0359 刺

篆文字數：26

剌 EPF22.422 □券～及稾

EPT52.83 過書～正月乙亥

EPT43.106 ～腹一所

刾 EPT56.77A 移丞相御史～史條

EPT56.77B 移丞相御史～史條

EPT50.200B 吏對會入官～

㓨 EPT50.200A 吏對會入官～

EPT65.459 折傷承車軸～

刲 EPT52.39 詣～史趙掾

刃部

0360 劒

篆文字數：37

EPT40.202 欲知～利善故器者

EPT40.205 皆幣合人～也

EPT40.203 利～也

EPT40.206 ~謙者利善	EPT40.203 此天下利善~也
EPT40.205 右善~四事	EPT40.205 右幣~六事
EPT40.207 右幣~文四事	

角部

0361

觻

37

EPF22.27 ~得付業錢	EPF22.24 ~得	EPF22.4 之~得	EPF22.16 ~得
EPF22.23 ~得	EPT32.402 即轉卒昌~	EPF22.10 恩到~得	
EPF22.27 從~得	EPF22.22 之~得	EPF22.17 ~得	

0362

解

58

EPF22.30 前言~

EPF22.192 前言~

第五　竹部——桀部

竹部

0363 竹 (count 6)

- EPT58.63 車父~里董貞
- ESC.7A 山及~若汶澤中
- EPS4T2.128A 及~札磨日

0364 篇 (count 1)

- EPT48.152B 財知~呂張魯

0365 籍 (count 83)

- EPT56.253 名~
- EPT56.134 移責~及爰書
- EPF22.691 年~

0366 等 (count 179)

- EPF22.225 增秩二~
- EPF22.224 增秩二~
- EPF22.151AB 宮~到
- EPF22.691 如玄便~
- EPF22.473B ~五人
- EPF22.63A 各一~
- EPF22.233 增秩二~
- EPF22.136 陳陽~
- EPF22.369 良~

EPF22.24 賈直俱～耳

EPF22.134 王歆～

EPF22.130 隊長董習～

EPF22.137 王歆～

EPF22.223 增秩二～

EPF22.158 候長憲～

EPF22.159 憲～循行

EPF22.351 備補憚～缺

EPF22.559 ～上

0367 符

42

EPF22.475A ～到

EPF22.172 受～

EPF22.171 失亡～水中

0368 笥

11

EPF22.11 大～一合

EPF22.25 大～一合

EPT59.284 葦～

0369 箴

2

EPT68.62 錐小尺白刀～各一

0370 筭

14

EPT52.431 定得五～

EPT5.8 負半～

EPT53.226 負～十

0371 算

44

EPF22.408 ～卷

EPT51.147A 府所下禮～書

EPT51.147B 府所下禮分～書

0372

第

937

EPF22. 356 ～四隊

EPF22. 452 ～四候長

EPF22. 271 到～二隊

EPF22. 357 ～二十九

EPF22. 461 ～六隊長

EPF22. 461 ～十六隊長

EPF22. 461 ～二隊長

EPF22. 219 ～廿九

EPF22. 343 ～十三隊長

EPF22. 248 ～二隊長

EPF22. 158 ～四候長

EPF22. 258 ～三隧長

EPF22. 258 ～一隧長

EPF22. 258 ～二隧長

EPF22. 177 ～十部

EPF22. 461 ～八隊長

EPF22. 275 ～廿一隊候長

0373

簿

156

EPF22. 314 三月～

EPF22. 453 穀出入～

EPF22. 468A 九月三時～

EPF22. 468B 九月三時～

EPF22. 62A 官～

EPF22. 626 財物～

EPF22.398
四時～

EPF22.177
～出見

EPF22.338A
月言～

箕部

0374 重
其

213

EPF22.223
～生捕得酋豪

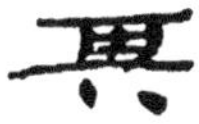
EPF22.63A
～奉共養

EPF22.19
因以～

EPF22.164
～赦天下

EPF22.27
因以～賈與恩

EPF22.691
～木官已具言

EPF22.190
～日夜人定時

EPF22.196
～夜人定時

丌部

0375
典

7

EPT20.22
～主

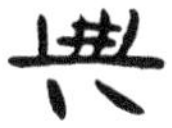
EPT68.66
～主不發覺

EPF22.149
習～主行檄書

左部

0376 左

48

- EPF22.268 俱南隧長～隆
- EPF22.649 ～曷
- EPF22.76 居延～右尉
- EPF22.291 ～右不射

工部

0377 差

4

- EPF22.70 奉各如～
- EPT59.508 毋有～代

0378 巧

1

- EPT59.249 勿令愚民爲～詐

0379 巨

14

- EPT51.97 愚吏～
- EPT 50.196B 賈～孺
- EPT40.40 廉～

甘部

0380

甘

36

EPT 53. 64
～露二年

EPT 58. 32
～露三年

EPT 56. 260A
～露三年

0381

甚

52

EPT65. 200A
飡食如常～善〃

EPF16. 39
起居安平～善

EPF22. 697A
～善

曰部

0382

曰

198

EPF22. 21
恩辤～

EPF22. 23
粟君謂恩～

EPF22. 45A
詔書～

EPF22. 29
廷移甲渠候書～

EPF22. 38A
書～

EPF22. 53A
府書～

EPF22. 30
廷却書～

EPF22. 42
府書～

EPF22. 330
恭辤～

EPF22. 271
業～

EPF22. 614
～〃□公不任用

EPF22. 557A
即～

EPF22. 358
辤皆～

EPF22. 50A
府書～

EPF22. 127
府記～

- EPF22.51A 府書～
- EPF22.360 府移使者治所録～
- EPF22.353 狀辭～
- EPF22.164 詔書～
- EPF22.192 辤皆～
- EPF22.188 府記～

0383 曷 1

- EPF22.649 左～

0384 曹 24

- EPT40.7 甲渠候～君門下
- EPT40.8 甲渠候～君門下
- EPT65.370 倉～吕史召官

乃部

0385 乃 39

- EPF22.524 ～翁張居非前
- EPF22.21 ～爰書驗問
- EPF22.330 ～爰書驗問
- EPF22.2 辨告～
- EPF22.230 ～行購賞
- EPF22.692 ～行購賞

0386 迺 80

- EPF22.80 ～二月壬午
- EPT52.264 ～三月戊子
- EPF22.170 ～丁卯餔時

EPF22. 61
~癸巳視事

EPT68. 47
~四月戊子

丂部

0387
寧

25

EPT51. 136
竟~元年

EPF22. 564A
~有餘乎

EPF22. 206
妻君~取

可部

0388
可

114

EPF22. 24
擇~用者持行

EPF22. 156
~祠社稷

EPF22. 304
不~許

EPF22. 9
擇~用者

0389
奇

12

EPF22. 326
奇
苦縣~里上造朱疑

EPT52. 596
~一食

EPT56. 120
九十二~一石

EPT59. 15
~六尺

EPT59. 276
女陽里上造~豐

兮部

0390 乎

乎（小篆） 8

EPT2.5B 豈肯白之～

EPT49.89A 公當云何～

EPF22.564A 寧有餘～

亏部

0391 亏

亏（小篆） 37

于 EPT51.346 候史淳～光

EPF22.709 隧長淳～爲自言

EPT68.23 蘭越～邊關徼亡

亏 EPT51.134 甲渠官淳～卿

EPT68.37 部采胡～

EPT49.52 尉史鮮～惲

0392 平

平（小篆） 183

EPF22.22 ～賈直六十石

EPF22.22 ～賈直六十石

EPF22.19 ～牛直六十石

EPF22.5 ～賈直六十石

EPF22.27 ～牛直六十石

EPF22.26 時市庸～賈

旨部

0393

嘗

2

EPT59.58 未～爲吏

喜部

0394

喜

14

EPT52.770 甲渠鄣候～

EPT52.313 故候任～八月

EPT51.28 候～

壴部

0395

嘉

47

EPT51.410A 鴻～二年

EPT52.266 鴻～二年

EPF22.51B 令史～

鼓部

0396

鼓

15

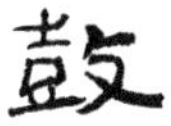

EPF22.331 有～一

EPF22.329 取～一

EPF22.331 ～常縣

豊部

0397 豊

豊　25

EPF22.71A 書佐～

EPT40.37A 尉史鄭～

EPT43.46 王～

皿部

0398 盧

盧　15

EPF22.42 ～水士民

EPF22.43 ～水士民畜牧

EPF22.43 ～水士民者

EPF22.25 一石去～一

EPF22.655 三堠下～中

0399 益

益　20

PT57.14 今乘～地

EPT59.658 ～儲茭穀

EPF22.69 ～州玄兔

0400 盡

盡　264

EPF22.24 賣魚～

EPF22.26 ～今年正月

EPF22.62A 七月～

EPF22.468B 桼月～

EPF22.438 守～晦

EPF22.10 賣魚～

EPF22.15
～今正月

去部

0401

去

112

EPF22.25
一石～盧一

EPF22.26
恩不敢取器物～

EPF22.24
恩即取黑牛～

EPF22.26
欲取軸器物～

EPF22.29
～年十二月中

EPF22.197
取駒牢隊内中～

EPF22.198
取駒～

EPF22.3
～年十二月中

EPF22.21
～年十二月

EPF22.147
～居延百世里

EPF22.190
馬～

EPF22.193
須臾～

EPF22.627
～署

EPF22.9
恩即取黑牛～

EPF22.514
食已～

丶部

0402 主

87

EPF22.686
故～□

EPF22.228
還歸本～

EPF22.352
～養驛馬

EPF22.373
故候長樊隆～

EPF22.149
習典～行檄書

丹部

0403 丹

22

EPT68.87
～騎驛馬一匹

EPF22.556
證〻知者李～

EPF22.694
恭本不見～

青部

0404 青

18

EPT40.38
黄白～騂

EPT44.8A
～黍三石

EPT51.273
收降亭卒～

0405 静

1

EPF22.233
動～

井部

0406

井

82

EPF22.136　不受卌~關

EPF22.249　守卌~尉

EPF22.142　受卌~誠勢北隊長

EPF22.257　守卌~塞尉

EPF22.462A　卌~

EPF22.301A　乘第廿卌~隊長

0407

荆

43

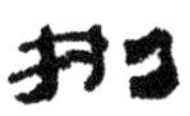

EPF22.475A　第四隊長~鳳之官

EPF22.203　施~臈用肉致斤

EPT50.85　候史~延壽

皀部

0408

即

111

EPF22.22　~出牛一頭

EPF22.369　~日到官

EPF22.557A　~曰

EPF22.24　~取黑牛去

EPF22.4　~出牛一頭

EPF22.274　~日蓬通君

EPF22.195　~日昏時

EPF22.194　永~還與放馬

EPF22.384　放~爲出肉

鬯部

0409 爵

43

EPT53.38 神～四年

EPF22.64A ～疑者

EPF22.448A ～各一級

食部

0410 食

436

EPF22.63A 得～卿録

EPF22.27 自～爲業將車

EPF22.151AB ～時到府

EPF22.462A 先得三月～

EPF22.59 斗～令史

EPF22.84 正月～三石

EPF22.85 正月～三石

EPF22.400 以二石～錫

EPF22.436 積一月～

EPF22.431 ～訖十月

EPF22.437 積一月～

EPF22.89 二月～三石

EPF22.650 持～詣官

EPF22.146 ～時到府

EPF22.426 ～用穀致

EPF22.438 積一月～

EPF22.138 丁酉～

EPF22.425 當～奉者

EPF22.243 禄～盡得不

EPF22.304 廚傳～者衆

EPF22.304 諸以法～者

EPF22.485 毋辨～具

EPF22.706 □～□

EPF22.704 九月～

0411 錫

1

錫 EPF22.400 以二石食～

0412 養

29

EPF22.63A 奉共～宿衛

EPF22.352 主～驛馬

EPT54.14 治～身

0413 餔

65

EPF22.142 ～時

EPF22.170 ～時到官

EPF22.143 下～八分

0414 餘

127

EPF22.308 ～臬長弦

EPF22.27 廿～日

EPF22.314 三月簿～盾

EPF22.305 ～三石弩

EPF22.309 三月～弩幡

EPF22.313 三月～鐵鍉瞀

EPF22.312 三月～鐵鎧

EPF22.18 作賈～穀

0415 餞 2

EPT20.31 今吏皆乏～

亼部

0416 合 38

EPF22.25 大笥一～

EPF22.11 大笥一～

EPT59.502 小磑一～

0417 今 244

EPF22.26 盡～年正月

EPF22.32 ～欲歸

EPF22.30 ～候奏記府

EPF22.221 ～以舊制律令

EPF22.443 ～餘

EPF22.248 ～調守候長

EPF22.171 ～月四日食時

EPF22.70 ～爲都尉以下

EPF22.181 ～少六百三十九

EPF22.647 業願～月休

EPF22.526 ～月十日壬寅

EPF22.252 ～調守第十守士吏

EPF22.153A ～擇吉日如牒

EPF22.15 盡～正月

EPF22.39 自～以來

EPF22.58 ～除補

EPF22.60 ～除補

EPF22.183 ～寅矢

EPF22.256 ～調守萬歲候長

EPF22.188 ～年正月中

EPF22.188 從～年駒

EPF22.192 ～年四月九日

EPF22.184 ～見二千五百

EPF22.82 ～言府

0418

舍

76

EPT52.281 田～

EPT51.715 田～

EPT65.66 ～甲春卿舍

EPT52.306 私歸田～

會部

0419

會

117

EPF22.691 ～五月朔

EPF22.62A 與循～

EPF22.165 ～月廿八日

EPF22.129
~月晦

EPF22.502
~月七日

EPF22.192
~月廿五日

倉部

0420

倉

74

EPF22.153A
居延~長

EPF22.68
居延~長

EPF22.70
~長丞

EPF22.462A
城~居延

EPF22.78
候~長

入部

0421

入

383

EPF22.134
~關檄

EPF22.310
毋出~

EPF22.453
穀出~簿一編

EPF22.318
胡虜犯塞~

EPF22.319
胡虜犯塞~

EPF22.330
辤所出~

EPF22.2
出~

EPF22.306
毋出~

EPF22.308
毋出~

0423 重

全

7

0422

内

63

EPF22. 134
甲午日～到府

EPF22. 309
毋出～

EPF22. 125
～關檄

EPF22. 305
毋出～

EPF22. 45A
没～所齎奴婢

EPF22. 151AB
甲午日～到府

EPF22. 736
出～望候

EPF22. 21
出～

EPF22. 151AB
男子郭長～關檄

EPF22. 138
～關檄

EPF22. 186
隊～中

EPF22. 197
隊～中

EPF22. 45A
關～侯

EPF22. 191
隊～中

EPF25. 5
受～兵簿

EPF25. 7
受～兵簿

ESC. 62B
～九百

缶部

0424 缺

28

EPF22.59 遷～

EPF22.57 遷～

EPF22.352 有劾～

EPF22.351 備補惲等～

EPF22.253 斥免～

矢部

0425 矢

144

EPF22.182 䖟～二千三百

EPF22.178 䖟～二千三百

EPF22.185 槀～

EPF22.183 今䖟～千八百五十

EPF22.177 槀～三千五百

EPF22.630 槀～九十三

EPF22.183 槀～二千二百

EPF22.463A 弩～

EPF22.61 槀～銅鍭百

EPF22.311 槀～銅鍭

EPF22.319 槀～銅鍭

0426 重
射

39

EPT51.89
常賢試～傷二檇

EPT50.8
～積薪

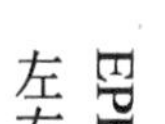
EPF22.291
左右不～

0427
矦

75

EPF22.45A
及列～子

EPF22.223
王～君

EPF22.439
代夏～常

EPF22.45A
～以下

0428
知

96

EPF22.191
皆～狀

EPF22.237
吏卒皆～

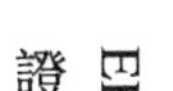
EPF22.62A
證～者如牒

EPF22.38A
雖～莫讁苛

0429
矣

3

EPT48.53B
行～

EPT59.163
亦自爲極賤～

高部

0430
高

56

EPT5.10
～五尺八寸

EPF22.325A
到～平

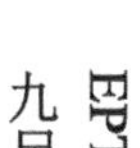
EPT5.94
九尺～皆

0431

亭

164

EPF22.466 以～行

EPF22.318 假～隧

EPF22.60 宜穀～長

EPF22.319 假～隧

EPF22.289 非乘～候望

EPF22.193 居延收降～

EPF22.189 居延收降～

冂部

0432

市

38

EPF22.27 ～穀決石四千

EPF22.26 時～庸平賈

EPF22.39 都～

EPF22.21 昆陽～南里

EPF22.3 潁川昆陽～南里

EPF22.16 ～穀決石四千

EPF22.38A 都～

EPF22.37 販賣衣物於都～者

0433

央

16

EPT49.3 其～（殃）

EPT59.3 驅望隧長杜未～

EPT51.526 東鄉中～祭

京部

0434 京

9

京 ESC. 97 ～兆尹

EPT5. 191 下～兆

EPT20. 27 ～兆吏

0435 就

36

EPF22. 23 借恩爲～

EPF22. 29 ～賈

EPF22. 23 當載魚～直

EPF22. 30 ～直牛

EPF22. 6 借恩爲～

EPF22. 8 顧～直

EPF22. 6 ～直

EPF22. 82 請令～醫

㫗部

0436 厚

26

EPT59. 83A ～四尺

EPT54. 16A 人相助～=

EPF22. 287 ～妻子從

畗部

0437

良

132

EPF22.59
孫～

EPF22.60
代孫～

EPF22.270
問士吏孫～

EPF22.369
～等

EPF22.619
～甲辰受遣

亩部

0438 重

廩

9

EPT 22.382
後休在隧當～者

EPS4T2.6
候長候史馬皆～食

0439

稟

101

EPT50.22
言告家～爲名

EPT51.213A
記到～萬等毋令

EPT59.178
～城倉

嗇部

0440

嗇

14

EPF22.29
都鄉～夫

EPF22.133
都田～夫

EPF22.1
都鄉～夫宮

EPF22.125
都田～夫

EPF22.21
都鄉～夫宮

來部

0441
來

201

EPF22.27
～到居延

EPF22.25
俱～到居延

EPF22.25
與業俱～

EPF22.233
從徼外～爲閒候

EPF22.39
自今以～

EPF22.12
與業俱～

EPF22.196
行殄北警檄～

EPF22.194
持永所騎驛馬～

麥部

0442
麥

25

EPF22.25
大～二石

EPF22.325A
～孰

EPF22.13
大～二石

夊部

0443

致

41

EPF22.742 大~自

EPF22.279 勉~醫

EPF22.426 食用穀~

EPF22.203 肉~斤

0444

愛

10

EPT49.30A 當相~

EPF22.246 ~利省約

EPT26.12 厚自~

0445

夏

29

EPT65.26A ~侯掾坐前毋恙

EPT51.77 負~幸錢五百卌

EPF22.439 代~侯常

韋部

0446

韋

37

EPF22.24 羊~一枚

EPT51.310 大二~半

EPF22.11 羊~一枚

弟部

0447 弟

34

EPF22.25 到～三置

EPF22.120 ～世一隊長

EPF22.250A ～十四

久部

0448 久

25

EPF22.504 候望不宜～

EPT51.411 ～視天田中

EPT59.189B 上不～負也

桀部

0449 乘

127

EPF22.353 公～

EPF22.726 死～乘

EPF22.276 當～隧

EPF22.275 趙駿～第廿一

EPF22.473B 借人～隊長

EPF22.604 五月皆不～

EPF22.340 自代～隧

第六　木部——𣈫部

木部

0450
木
127

EPF22.48A 毋得伐樹～

EPF22.53A 毋得伐樹～

EPF22.53A 部吏毋伐樹～

EPF22.135 臨～候長

EPF22.259 臨～隧長

EPF22.691 其～官已具言

EPF22.266 臨～隊長王永

EPF22.584 爲隧山槍～

EPF22.140 臨～候長

EPT20.2 臨～部建武八年

0451
李
118

EPF22.256 第十守士吏～孝

EPF22.117 隊長～吴

EPF22.600 ～尋等俱亡

EPF22.252 隊長～孝

0452 桃	0453 杜		0454 梓	0455 樸	0456 槐	0457 榮	0458 桐
3	30		2	1	1	6	39
EPF22. 298 隊長～匄	EPF22. 272 隧助吏～惲	EPT20. 19A ～禹頓首白	EPT51. 497 萬歲里大夫孫～	EPT50. 7A 故士吏～裒	EPT48. 22A 十七隊卒～里常見	EPT40. 167 ～昌卿書到此	EPS4T2. 1 臨～隊長
	EPT40. 5 書佐～	EPT56. 335 ～效				EPT58. 30 ～小	EPT52. 206 臨～隊長
	EPT 52. 240 南陽郡～衍安里					EPF22. 267 隧長～政	EPT48. 142 臨～隊長

0459 松

松 5

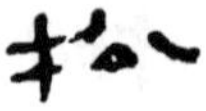

EPT5.88 以～若萩

EPT52.790 ～及宗

0460 樹

樹 6

EPF22.53A 毋伐～木

EPF22.53A 毋得伐～木

EPF22.48A 毋得伐～木

0461 本

本 10

EPF22.694 恭～不見丹持鼓

EPF22.228 以其一還歸～主

EPT65.362 火～所起

0462 朱

朱 24

EPF22.331 恭屬尉～卿

EPT51.199 戍卒～寬

EPF22.262 ～武

0463 根

根 15

EPT52.515 ～定負

EPT52.204 居延甲渠士吏孫～

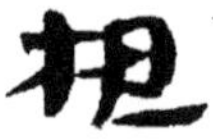

EPT52.178 ～前所白候爰書言

0464 條

條 8

EPS4T1.25 詔～

EPT56.77B 刺史～

EPT56.77A 刺史～

0465 枚

枚 118

EPF22.24 羊韋一～爲橐

EPF22.11 羊韋一～爲橐

EPF22.12 韁索二～

0466 扶

扶 2

ES（T119）.2 鼓～各一

0467	0468	0469	0470	0471	0472	0473
格	柱	樓	槍	櫝	栝	案
12	16	6	3	13	1	112

0467 格（12）
- EPT58.36 可作欞～
- EPF22.318 吏～鬬失亡
- EPF22.319 吏～鬬失亡

0468 柱（16）
- EPT51.685 別～甲渠候
- EPT59.6 ～柜木一
- EPT7.36 櫨～檻三姓

0469 樓（6）
- EPF22.328 城～守衙
- EPT59.41 候～毋屏

0470 槍（3）
- EPF22.584 隧山～木

0471 櫝（13）
- EPT52.45 知～（讀）薰火品約
- EPT51.113 ～一

0472 栝（1）
- EPT10.33 ～鼓諸什

0473 案（112）
- EPF22.165 謹～
- EPF22.199 駒死～
- EPF22.369 謹～
- EPF22.50A 謹～
- EPF22.43 謹～
- EPF22.39 謹～

EPF22.276 當乘隧～

EPF22.48A 謹～

EPF22.583 謹～

EPF22.53A 謹～

0474
椎
5

EPT51.21A 户關～各二

EPT52.560 户關～

0475
柯
1

EPF22.69 牂～越巂

0476
柄
1

EPT59.6 ～長

0477
榜
2

EPT59.123 數～笞息

0478
檄
5

檠 EPF22.689 兵弩不～持

EPF22.399 不～持

0479
樂
50

EPF22.69 ～狼

EPF22.63A 常～宮

ESC.13 ～部□樂放詣

0480 札

8

EPT51.63 公乘張～

EPS4T2.128A 及竹～磨日

0481 檢

19

EPT52.494 都里趙元衣橐～

EPF22.290 日時在～中

EPF22.582 日時在～

0482 檄

127

EPF22.284 ～到

EPF22.196 警～

EPF22.199 放馬行～

EPF22.193 起居～

EPF22.197 行～

EPF22.186 行警～

EPF22.190 行警～

EPF22.189 行～還

EPF22.138 入關～

EPF22.127 匡～言

EPF22.134 入關～

EPF22.146 ～

EPF22.151AB 郭長入關～

EPF22.151AB 壬辰～言

EPF22.137 入關～

0483 梁

31

EPT59.46 卒解～葦器

EPF22.505 ～多

EPF22.58 ～普

0484 校

36

- EPF22.61　~閲兵物
- EPF22.429　~計[案]
- EPF22.521　~省弦雜梟

0485 休

51

- EPF22.382　後~在隧當㢘者
- EPF22.170　代~隊長薛隆
- EPF22.61　俱~田
- EPF22.268　借竇永自代~
- EPF22.647　業願今月~

0486 械

4

- EPF22.486　杻~閉
- EPF22.161　齋~

0487 檻

1

- EPT7.36　櫨柱~三姓

0488 板

11

- EPT57.51　凡得~七十枚
- EPT57.51　所假~十五枚
- EPT52.169　南書一封~檄一
- EPT27.56B　蓬火函~
- EPT57.51　~十四枚
- EPT52.169　~檄一居

0489 桁

1

- EPT40.202　有黑兩~不绝者

0490
槶

1

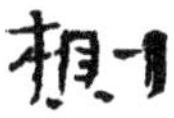
EPF22.11
大車半～軸

0491
櫪

1

EPF22.24
大車半～軸

東部

0492
東

100

ESC.10
次～部吏卒名

EPT59.2
戊申到郭～田舍

EPT58.7
隧卒～郡白馬敬上

EPF22.304
～部五威率言

林部

0493
林

20

EPT51.212A
任～椭一

EPT68.29
甲渠守候長昌～

EPT68.31
候長昌～劾將

之部

0494

之

750

EPF22.29
宮敢言~

EPF22.81
敢言~

EPF22.82
守候長匡敢言~

EPF22.163
敢言~

EPF22.82
病書如牒敢言~

EPF22.80
敢言~

EPF22.582
己遣~官

EPF22.330
罪反罪~律辨告

EPF22.323
敢言~

EPF22.21
罪反罪~律

EPF22.22
載魚~觻得賣

EPF22.164
皆赦除~

EPF22.169
敢言~

EPF22.351
敢言~

EPF22.732
□言~

EPF22.63A
半歲~直

EPF22.68
罪別~

EPF22.270
召臨~隊長徐業

EPF22.63A
以爲牛酒~資

EPF22.2
罪反罪~律辨告

EPF22.62A
敢言~

EPF22.50A 犯四時禁者敢言～

EPF22.51A 敢言～

EPF22.61 敢言～

EPF22.45A 敢言～

EPF22.55A 敢言～

EPF22.4 載魚～觻得賣

EPF22.43 敢言～

EPF22.127 敢言～

EPF22.52 敢言～

EPF22.38A 敢言～

EPF22.53A 敢言～

EPF22.190 永持放馬～止害隧

EPF22.187A 敢言～

EPF22.201 敢言～

EPF22.50A 放行候事敢言～

EPF22.165 敢言～

EPF22.290 遺～官

出部

0495 出

438

EPF22.23 沽～時行錢

EPF22.29 沽～時行錢

EPF22.453 穀～入簿一編

0496

賣

68

EPF22. 443
毋定～

EPF22. 68
毋～月廿八日

EPF22. 7
沽～時行錢

EPF22. 62A
官簿～七月

EPF22. 308
毋～入

EPF22. 5
～牛一頭

EPF22. 462A
同月～入

EPF22. 306
毋～入

EPF22. 330
辤所～入

EPF22. 22
～牛一頭

EPF22. 2
以辤所～入

EPF22. 4
～牛一頭

EPF22. 63A
所當～半歲之直

EPF22. 305
毋～入

EPF22. 177
簿～見千三百二

EPF22. 30
因～

EPF22. 24
～魚盡

EPF22. 23
爲粟君～魚

EPF22. 22
之觻得～

EPF22. 24
因～黑牛

EPF22. 39
販～

EPF22. 38A
公～衣物

EPF22. 4
之觻得～

EPF22. 13
～肉十斤

EPF22.7　～魚

EPF22.10　因～黑牛

EPF22.10　～魚盡

𣎵部

0497

索

41

EPF22.25　⿰牛軍～二枚

EPF22.197　～放所放馬

EPF22.12　⿰牛連～二枚

EPF22.285　～幣絶

0498

南

138

EPF22.21　昆陽市～里

EPF22.269　塢～面壞

EPF22.268　俱～隧長左隆

EPF22.888　補望～隧長

EPF22.210　俱～隊長左隆

EPF22.69　～海七郡

生部

0499

生

19

EPF22.167　月～

EPF22.223　其～捕得酋豪

EPT53.10　稾里孫王～

0500 產

13

EPT51. 246 ～居延縣

EPT5. 33 同～子

EPT50. 9 同～姊不幸死

0501 隆

54

EPF22. 367 遣問～

EPF22. 170 謹驗問～

EPF22. 170 隧長薛～

EPF22. 171 案～丙寅

華部

0502 華

6

EPF22. 22 甲渠令史～商

EPF22. 4 ～商

EPT48. 135B ～商

稽部

0503 稽

3

EPF22. 69 臣～首請

EPF22. 64A ～首以聞

桼部

0504

桼

157

EPF22.468B
~月盡

EPF22.64B
十~

EPF22.178
弦三十~

EPF22.178
第十~部

EPF22.651
桼年~月

EPF22.651
~年桼月

EPF22.334A
三年~月

束部

0505

束

85

EPF22.477B
千~

EPT52.546
出茭千七百一十六~

EPF22.574A
財適五百~

橐部

0506

橐

50

EPF22.24
一枚爲~

EPF22.11
一枚爲~

EPT59.2
旁~

囗部

0507 回

11

EPT51.477 删丹故吏趙～

EPT52.179 趙君～皁錢千二百

EPT 52.544 非迎奉遣～

0508 國

193

EPF22.468A 新始建～

EPF22.359A 新始建～

EPF22.70 張掖屬～

EPF22.233 中～兵

EPF22.42 屬～秦胡

0509 因

54

EPF22.27 ～以其賈與恩

EPF22.24 ～賣黑牛

EPF22.739 ～别

EPF22.10 ～賣黑牛

0510 囚

7

EPT59.238 自拘～

EPT 10.2A ～律

EPS4T2.100 自殺者予～

0511 固

5

EPT57.77 常～隧

EPT52.49 郡分利賜得錢～成

0512
圍
2
- EPF22.704 鄣卒趙～

0513
困
7
- EPF22.327 貧～
- EPT44.34 母病～
- EPT59.58 貧～

員部

0514
員
10
- EPT59.536 長秩官吏～
- EPF22.63A 得食卿録～
- EPF22.427 吏～秩别

貝部

0515
貝
21
- EPT56.110 魏郡～丘臨市里
- EPT56.191 東郡～丘武昌里
- EPT56.92 魏郡～丘匠里
- EPT10.8 ～母一分

0516
財
60
- EPF22.505 ～用
- EPF22.70 以便宜～予
- EPF22.1 ～物

（續上）

- EPF22.626 ～物簿
- EPF22.21 ～物
- EPF22.574A ～適五百束

0517 資 3

- EPF22.63A 以爲牛酒之～
- EPT51.449 ～錢

0518 賢 37

- EPT5.97 審如～言
- EPF22.259 武～隧長
- EPT27.1 武～

0519 賀 16

- EPT58.42A 甲渠候長～
- EPT56.11 尚～
- EPT52.206 解～
- EPS4T1.21 解～

0520 貢 2

- EPF22.63A 天下必～

0521 賫 10

- EPF22.69 ～乘傳者
- EPF22.45A 所～奴婢
- EPT51.244 ～詣府

0522 贛 8

- EPT 59.652B 長～所
- EPF22.419A ～所

0523 賞

44

EPF22. 221
購～

EPF22. 692
乃行購～

EPF22. 243
假貸不～

EPF22. 35
守令史～

EPF22. 231
購科～

EPF22. 447A
購～封錫

0524 賜

53

EPT52. 49
郡分利～得錢固成

EPT68. 18
候～憲主官譚等酒

ESC. 4A
～爵關内侯

0525 負

125

EPF22. 26
～我錢八萬

EPF22. 289
候當～

EPF22. 27
當所～粟君

EPF22. 200
不當～駒

EPF22. 186
不當～駒

EPF22. 199
恐～時

0526 賓

2

EPF22. 38A
作使～客

0527 贅

1

EPF22. 63A
民不～聚

0528 費

6

EPF22. 304
～不可許

EPF22. 304
～用多

EPF22. 522
自給～直

0529
賁
賁 (seal script)
106

EPF22.36 所～寇恩事

EPF22.34 所～男子寇恩事

EPF22.564A 反～墅家□

0530
賈
賈 (seal script)
57

EPF22.27 不計～直

EPF22.26 不得～直

EPF22.26 市庸平～

EPF22.27 以其～與恩

EPF22.24 ～直俱等耳

EPF22.29 就～

EPF22.22 平～直六十石

EPF22.27 作～穀

EPF22.20 ～予恩

EPF22.18 作～餘穀

EPF22.5 平～直六十石

EPF22.5 平～直六十石

EPF22.17 ～穀

0531
販
販 (seal script)
4

EPT52.15 ～賣

EPF22.39 ～賣

0532
買
買 (seal script)
75

EPF22.31 ～肉

EPF22.461 ～官畜吏名

EPF22.25 ～肉十斤

0533
賦
48

EPF22.563 毋見~錢

EPF22.214 庚午君~

EPF22.418 毋見~錢

0534
貧
20

EPT59.58 ~困毋以具

EPF22.297 ~寒罷休

EPF22.294 ~寒隧長

0535
購
19

EPF22.221 ~賞

EPF22.233 從奴它與~如比

EPF22.223 與~如比

EPF22.224 ~錢十萬

0536
貴
14

EPT59.340A 富~昌

EPT59.340A 富~昌

EPT40.187 濟陰壽~里

邑部

0537
邑
51

EPT44.5 ~中

EPT44.4A 得聞南方~中起居

EPT68.51 之~中舍

0538
郡
162

EPF22.69 至旁近~

EPF22.69 南海七~

EPF22.70 河西五~

0539 都 162

- EPF22.691 若~農如玄
- EPF22.29 ~鄉嗇夫宮
- EPF22.73 ~尉丞
- EPF22.68 行~尉文書事
- EPF22.153A 行~尉文書事
- EPF22.71A 居延~尉曠
- EPF22.79 ~尉
- EPF22.21 ~鄉嗇夫宮
- EPF22.127 ~田嗇夫丁
- EPF22.1 ~鄉嗇夫宮
- EPF22.70 ~尉融

0540 邸 2

- EPT59.92 ~卒

0541 郵 40

- EPF22.151AB 以~行
- EPF22.709 以~行
- EPT51.143 以~行

0542 鄭 49

- EPF22.357 隧長~慶
- EPF22.58 代~駿
- EPF22.57 尉史~駿

EPF22.461 隧長~陽

0543 部
321

EPF22.25 還到北~

EPF22.44 ~吏

EPF22.391 誠北~

EPF22.65A 下~大尉

EPF22.183 吞遠~

EPF22.583 ~吏卒

EPF22.304 東~五威率言

EPF22.50A ~吏

EPF22.408 告~檄

EPF22.695 ~吏

EPF22.43 ~吏

EPF22.40 ~吏

EPF22.189 九日詣~

EPF22.48A ~吏

EPF22.39 ~吏毋犯者

0544 邯
3

EPF22.153A 丞~

EPF22.68 丞~

0545 郅
13

EPF22.647 代隊長~嚴

EPT53.201 ~勝之年

EPW39A ~嚴掾鄭

0546 鄧

7

- EPT57.57 第卅卒~耐
- EPT51.87 卒~副
- EPT57.3B 第八卒~外

0547 郎

7

- EPF22.63A 便臣秩~
- EPF22.63A ~從官
- EPT51.98B 白青~少彊

0548 鄣

207

- EPF22.151AB 居延甲渠~候
- EPF22.163 甲渠~候
- EPF22.126A 甲渠~
- EPF22.151AB 甲渠~候
- EPF22.38A 甲渠~守候
- EPF22.460A 甲渠~候
- EPF22.430A 甲渠~守候
- EPF22.53A 甲渠~候
- EPF22.704 ~卒趙圍
- EPF22.187A 甲渠~候獲

0549 邪

5

- 耶 EPF22.350 其明戒~
- EPT52.87 非上書及計事者~

0550 郭

62

- EPF22.151AB 男子~長
- EPF22.138 男子~長
- EPT52.183 庫丞~卿

𨛜部

0551
鄉

18

EPF22. 29
都～嗇夫

EPF22. 30
詣～

EPF22. 56A
告尉謂～

第七　日部——㫃部

日部

0552
日

1013

EPF22. 636B
一～

EPF22. 639
十九～

EPF22. 2
滿三～

EPF22. 141
今月十八～

EPF22. 400
得見～月

EPF22. 192
會月廿五～

EPF22. 146
月廿～食時到府

EPF22. 191
明十～

EPF22. 463B
今九～

EPF22. 189
九～詣部

EPF22. 192
今年四月九～

EPF22. 190
其～夜人定時

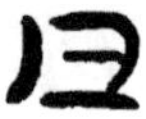
EPF22. 319
四月十六～

EPF22. 290
～時在檢中

EPF22. 601
廼七月十三～

EPF22. 687
二十五～

EPF22. 157
九月八～甲辰齋

EPF22. 195
即～昏時

0553

時

270

EPF22.155
八月廿四～丁卯

EPF22.369
即～到官

EPF22.582
～時在檢

EPF22.343
習=即～下餔

EPF22.153A
今擇吉～如牒

EPF22.23
～粟君以所得

EPF22.29
沽出～行錢

EPF22.468A
九月三～簿

EPF22.369
丙申～中受遣

EPF22.271
六月廿～

EPF22.165
會月廿八～

EPF22.134
甲午～入到府

EPF22.357
月五～壬子昏時

EPF22.27
～商育

EPF22.39
四～言犯者

EPF22.139
～到府

EPF22.68
毋出月廿八～

EPF22.26
～二斗

EPF22.686
得復見～月

EPF22.318
四月十六～

EPF22.23
二三～當發

EPF22.468B
九月三～簿

EPF22.27
付業錢～

EPF22.151AB
食～到府

0554

早

9

- EPF22.52 ～禁者
- EPF22.887 不肯以～語憚
- EPF22.290 日～在檢中
- EPF22.50A 毋犯四～禁者
- EPF22.43 四～言
- EPF22.51A 四～言
- EPF22.144 不以～行
- EPF22.48A 四～言
- EPF22.64A 宜以～布
- EPF22.142 餔～
- EPF22.144 其昏～
- EPF22.146 食～到府
- EPF22.150 ～二分
- EPF22.487 迫計四～到
- EPF22.49 毋犯四～禁
- **时** EPF22.343 餔～
- EPF22.170 餔～到官
- EPF22.271 以何～亡
- EPF22.582 日～在檢
- EPF22.195 即日昏～
- EPF22.196 其夜人定～
- EPS4T1.21 ～（皂）綺一兩
- EPT65.334A 死～歸土耳
- EPT56.113 ～（皂）復袍

0560	0559	0558	0557	0556	0555
昏	晏	晉	曠	昭	昧

19	30	7	2	58	9

EPT56.69　～（皂）復襲一領

EPT56.331　～（皂）襲一領

EPT52.46A　～死再拜

EPT59.536　～死以聞

EPT53.159　～死再拜

EPS4T2.4　建～四年

EPF22.325A　竇～公到高平

EPT59.34A　建～五年

EPF22.71A　都尉～

EPF22.593　隧長～欽

EPT44.36　入候長～欽

EPT44.25　第四候長～欽

EPT65.118　不侵候長～傳

EPF22.596　尉史～

EPT51.101　～叩頭白

昏 EPF22.195　～時

EPF22.357　壬子～時

EPF22.144　其～時

EPF22.527　夜～後

0561 晦 38

EPF22.436 守盡~

EPF22.438 守盡~

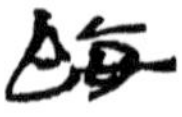
EPF22.129 會月~

0562 昨 10

EPT49.36B 望~

EPT2.5A ~莫還白園事

EPT2.5A 掾~日幸許

0563 昌 89

EPT59.340A 王富貴~宜侯

EPT49.53A 就人~里漕陽

EPT40.148 居延~里徐威

EPT14.2 逆胡隧長徐~

EPT59.340A 富貴~

0564 昆 3

EPF22.21 潁川~陽市南里

EPF22.3 潁川~陽市南里

0565 普 9

EPF22.58 上造梁~

EPT57.23B 屬~

EPT59.86 候長~候史

旦部

0566 旦 108

EPF22.331 ~夕擊鼓

EPF22.436 八月~乙卯

EPF22.438 八月~乙卯

EPF22.167 ～蚤迹

EPF22.414 明～踵迹

㫃部

0567 施

17

EPC33 ～（弛）刑王詡

EPF22.203 ～刑臈用肉致斤

EPT50.135 ～（弛）刑士薛齊

0568 游

24

EPF22.61 ～塹亭

EPT57.53A 莊～成

EPT57.10B ～擊卒始以來

晶部

0569 重 參

8

EPF22.462B 書佐～

EPT49.45B 正月廿五日～餔時

EPT59.301 胡卒侯～

0570 曡

2

曡 EPT49.66 ～繇

曡 EPF22.286 重～身死

月部

0571

月

2415

EPF22. 80
三年三～

EPF22. 80
二～壬午

EPF22. 56A
五年八～

EPF22. 247A
五年五～

EPF22. 254A
五年四～

EPF22. 114
十二～戊午自取

EPF22. 357
～五日

EPF22. 353
三年九～中

EPF22. 153A
五年八～

EPF22. 141
今～十八日

EPF22. 318
六年四～十六日

EPF22. 370A
二年三～

EPF22. 536
五年十～

EPF22. 563
六～

EPF22. 45A
四年五～

EPF22. 100
四～食三石

EPF22. 62A
七～盡九月四時

EPF22. 158
八～庚戌

EPF22. 72
奉穀～六十石

EPF22. 107
十～甲寅

EPF22. 337
三年十一～己卯

月 EPF22.468A 九～三時	月 EPF22.76 奉穀～十五石	月 EPF22.319 六年四～十六日
月 EPF22.53A 六年七～	月 EPF22.71A 六～壬申	月 EPF22.21 建武三年十二～
月 EPF22.26 閏～	月 EPF22.68 毋出～廿八日	月 EPF22.320 壹以八～給奉
月 EPF22.65A 十～辛酉	月 EPF22.213 十二～己巳	月 EPF22.84 正～食三石
月 EPF22.334A 三年桼～	月 EPF22.704 九～	月 EPF22.192 會～廿五日
月 EPF22.288 五年二～	月 EPF22.338A 吏名～言簿	月 EPF22.620 八～甲戌
月 EPF22.273A 十一～	月 EPF22.192 今年四～九日	月 EPF22.187A 三年十二～
月 EPF22.292 二年三～甲子	月 EPF22.454 會～二十八日=	月 EPF22.658 鋌六～復

有部

0572

朔

279

EPF22.691
會五月～

EPF22.163
八月甲辰～

EPF22.51A
戊戌～乙卯

EPF22.38A
戊戌～乙卯

EPF22.250A
丙午～癸酉

EPF22.254A
丙午～癸酉

EPF22.153A
甲辰～戊申

EPF22.53A
戊戌～乙卯

EPF22.42
戊戌～乙卯

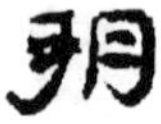

EPF22.48A
辛巳～戊子

EPF22.50A
辛巳～戊子

EPF22.70
丁巳～辛巳

EPF22.460A
庚申～甲戌

EPF22.80
丁亥～己丑

EPF22.82
丁亥～辛卯

EPF22.430A
甲午～庚申

EPF22.56A
甲辰～丙午

EPF22.288
丙午～甲戌

EPF22.334A
己卯～乙巳

EPF22.187A
癸丑～丁巳

0573

有

263

EPF22.352
～刼

EPF22.280
～書

EPF22.477B
言～

EPF22.691
毋～所遺脱

EPF22.230
諸～功校

EPF22.221
～書

EPF22.248
若～代

EPF22.64A
無令～姦

EPF22.50A
～無

EPF22.51A
～無

EPF22.48A
～無

EPF22.53A
～無

EPF22.43
～無

EPF22.503
檄～[書]

EPF22.459
方～警備

EPF22.284
～家屬

EPF22.45A
～無

EPF22.256
～代

EPF22.230
皆～信驗

朙部

0574

朙

79

明 EPF22.153A 令鮮～

EPF22.159 令鮮～

EPF22.43 ～告吏民

EPF22.143 隧長王～

EPF22.30 令～處

EPF22.143 ～付吞遠

EPF22.191 ～處言

EPF22.245 吏士～聽教

0575 重

明

3

EPF22.161 令鮮～

EPF22.414 ～旦踵迹

夕部

0576

夕

6

EPF22.331 旦～擊鼓

ESC87 十月丙子～入

0577

夜

65

EPF22.196 其～人定時

EPF22.190 其日～人定時

EPF22.197 ～罝不能得

0578

外

外（篆）

33

- EPF22. 233　從儌～來爲閒候
- EPT51. 390　～不在諸侯不則貪
- EPT52. 547　～人

多部

0579

多

多（篆）

53

- EPF22. 304　費用～
- EPF22. 505　粱～
- EPF22. 61　～不具
- EPF22. 429　～持穀
- EPF22. 275　隊長成～不在署

毌部

0580

貫

貫（篆）

4

- EPT51. 69　出～二
- EPT59. 340B　～頭斧一

0581

虜

虜（篆）

141

- EPF22. 231　匈奴～
- EPF22. 319　胡～
- EPF22. 318　胡～
- EPF22. 193　至庶～
- EPF22. 447A　捕～斬首
- EPF22. 414　非～

EPF22.414 以爲～

马部

0582 函

3

EPT6.39 □～

EPT51.459B 小方～

0583 甬

2

EPF22.290 尉史忠平～府

鹵部

0584 㮚

253

粟 EPF22.32 ～君錢畢

EPF22.27 與～君

EPF22.26 爲～君捕魚

EPF22.24 付～君妻業

EPF22.27 負～君錢畢

EPF22.28 予～君牛

EPF22.24 從～君借牛

EPF22.23 ～君以所得

EPF22.26 ～君謂恩

EPF22.23 ~君借恩爲就

EPF22.22 皆予~君

EPF22.22 候~君

EPF22.31 爲~君買肉

EPF22.31 與~君牛

EPF22.32 ~君用恩器物

片部

0585

牒

77

EPF22.56A 四人=一~

EPF22.125 推辟如~

EPF22.153A 擇吉日如~

EPF22.56A ~書吏遷

EPF22.247A 聽書~署從事

EPF22.62A 證知者如~

EPF22.345 缺如~

EPF22.427 如~

禾部

0586

種

7

EPF22.80 兩脾雍~

EPT53.14 廱~（腫）

0587

稺

11

EPT59.25 收降卒～

EPT51.84 觻得長秋里郭～君

EPT56.72B 負～君至舍

0588

私

94

EPF22.38A ～鑄作錢

EPT59.361 欒寬～衣橐

EPF22.158 以～印行候文書事

0589

稷

9

EPF22.153A 脩治社～

EPF22.161 脩治社～

EPF22.153A 秋祠社～

EPF22.156 可祠社～

EPF22.159 脩治社～

0590

移

279

EPF22.32 寫～爰書

EPF22.557A 丞～甲

EPF22.29 廷～甲渠候書

EPF22.82 寫～隧長

EPF22.56A ～甲渠候官

EPF22.70 ～張掖

EPF22.71A 寫～書到

EPF22.77 壹～計

EPF22.158 寫～

EPF22.38A 府～大將軍

0591 積 (269)	0592 秩 (33)	0593 重 康 (25)	0594 稾 (75)
EPF22.27 ～行道	EPF22.224 增～二等	EPT58.33 元～二年	EPF22.61 ～矢銅鍭百
EPF22.26 ～作三月十日	EPF22.225 吏增～二等	EPT58.84 元～三年	EPF22.183 ～矢
EPF22.694 ～三歲	EPF22.233 吏增～二等	EPT57.47 元～三年	EPF22.176 ～矢
EPF22.438 ～一月食	EPF22.153A 以近～次		EPF22.177 ～宙矢
EPF22.436 ～一月食	EPF22.223 增～二等		EPF22.178 ～矢
	EPF22.68 以近～次		EPF22.630 ～矢
	EPF22.427 吏員～別		
	EPF22.63A 從官～下		
	EPF22.63A ～郎從官		

0595

年

1117

EPF22. 179
~矢

EPF22. 311
~矢銅鍭

EPF22. 45A
四~五月

EPF22. 358
萬~隊長

EPF22. 391
八~三月

EPF22. 358
三~五月中

EPF22. 334A
三~桼月

EPF22. 318
六~四月

EPF22. 330
三~五月中

EPF22. 236
三~七月

EPF22. 166
桼~六月

EPF22. 355
~卌二歲

EPF22. 353
~五十二歲

EPF22. 664
建武四~四

EPF22. 651
桼~桼月

EPF22. 29
三~十二月

EPF22. 330
~廿八歲

EPF22. 319
六~四月

EPF22. 468A
二~桼月

EPF22. 70
三~四月

EPF22. 468B
二~桼月

EPF22. 60
~五十七

EPF22. 536
六~六月

EPF22.658 五～十月

EPF22.58 ～五十

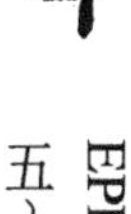
EPF22.288 五～二月

EPF22.187A 三～十二月

EPF22.38A 六～七月

EPF22.247A 五～五月

EPF22.335 二～正月

EPF22.42 六～七月

EPF22.282 三～十一月

EPF22.51A 六～七月

0596

穀

159

EPF22.413A
元~二月

EPF22.28
不相當~廿石

EPF22.22
與交~十五石

EPF22.23
齒八歲~廿七石

EPF22.22
凡爲~百石

EPF22.29
~廿七石

EPF22.26
爲~廿石

EPF22.23
牛一頭~廿七石

EPF22.25
凡爲~三石

EPF22.27
作賈~

EPF22.76
奉~月十五石

EPF22.429
~四斗屬復得

EPF22.437
用~三石

EPF22.438
用~三石

EPF22.427
用~

EPF22.5
交~十五石

EPF22.17
賈~

EPF22.6
~卌石

EPF22.16
市~決石四千

EPF22.20
不相當~廿石

EPF22.13
直~一石

EPF22.7
~廿七石

EPF22.18
餘～

EPF22.463B
得奉～往

EPF22.366
貧困毋～

0597
稍

7

EPT40.3
一人徐嚴門～

EPF22.487
官毋～入

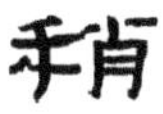
EPT52.177
～入茭

0598
秋

29

EPF22.153A
～祠社稷

EPT53.70A
～收斂之時也

EPT53.192
鄣卒傳千～

0599
秦

18

EPF22.258
隧長～恭

EPF22.42
屬國～胡

EPF22.43
諸作使～胡

EPF22.191
隧長～恭

EPF22.43
屬國～胡

0600
科

5

EPF22.221
以～列從事

EPF22.231
購～賞

0601
程

27

EPT58.37
秩～土并出

EPF22.212
母君～取

EPF22.150
不中～

秝部

0602
兼
33

EPF22.65A ～掾義史馮

EPF22.452 ～尉史嚴

EPT59.160 ～掾義

黍部

0603
黍
25

EPT6.104 ～粟

EPT40.203 如～粟狀

EPF22.633 ～米一斗

米部

0604
米
46

EPT40.201 粺～七斗

EPF22.633 黍～

EPT26.5 粱～一斗

0605
糜
10

EPT56.109 九斗三升少～

EPT51.191 當轉～麥八十石

EPT52.575 ～六石

0606
䊮
4

麴 EPT59.343 ～蘖必時

EPT5.76A 張佐□～轂下

0607 糒 (27)
- EPT59.180 右米～簿
- EPT57.108A 部～不畢
- EPF22.485 ～宿食處

0608 糴 (14)
- EPF22.25 ～（糴）大麥
- EPF22.13 恩～（糴）大麥二石
- EPT52.396 秋當蚤～（糴）

0609 氣 (10)
- EPT40.205 雲～相遂
- EPT59.61 務順時～
- EPT52.193B 馬～百卌

臼部

0610 舂 (8)
- EPT6.90 碓磑扇隤～簸揚
- EPT65.422 一人～
- EPT6.90 碓磑扇隤～簸揚

0611 臿 (5)
- EPT65.446B 王當持～
- EPT49.85A 鐵～

凶部

0612 凶 (4)
- EPT40.207 皆～不利者
- EPF22.549 ～自在

朩部

0613 枲 33

- EPF22.308 餘~長弦
- EPF22.487 毋麻~
- EPF22.521 校省弦雜~

宀部

0614 家 56

- EPF22.564A 反責塱~□
- EPF22.284 有~屬
- EPT65.41A ~毋見穀

0615 宅 4

- EPF22.759 中~一區
- EPT53.40 ~一區

0616 室 9

- ESC9A 宗~
- EPF22.45A 至宗~
- EPT65.314 輓力家~毋它

0617 宣 58

- ESC78A 令當給卒王~
- EPT48.138 第廿七隧長~
- EPT59.30 ~又當得

0618 宏 26

- EPT27.16 少吏張~
- EPT8.5 第四候史~召詣官
- EPT5.1 第二十三隧長~

0619

定

99

EPF22.129 ～吏主當坐者名

EPF22.2 辭已～

EPF22.148 ～行廿九時

EPF22.21 辭以～

EPF22.196 其夜人～時

EPF22.190 其日夜人～時

0620

安

103

EPT26.12 進所～

EPT52.20 武賢隊長陳～國

EPT57.59 甲渠候長～漢

EPT58.35 候史～世

EPT59.117A 詔書長～縣

EPT20.27 財發京兆史及常～

EPT5.5 河東～邑龐氏里

0621

察

27

EPF22.154 考～

EPT51.79 方～不變更者

EPF22.351 府省～

0622

完

114

EPF22.469B ～

EPF22.460A ～兵出入簿一編

EPT51.111 有方一～

0623

富

36

EPT52.128 塞尉～駿

EPT59.340A ～貴昌

EPT59.340A ～貴昌

0624 實

35

EPF22.30 疑非～

EPF22.21 不以～

EPT51.416A 幼～受長安苟里

0625 容

7

EPT51.266 出子～所粟錢廿三

EPF22.63A 不得～姦

EPT48.34B ～乃白二仁耳

0626 守

338

EPF22.436 ～盡晦積一月食

EPF22.532A 謹移～

EPF22.71A ～屬恭

EPF22.151AB 卌井關～丞

EPF22.136 卌井關～丞

EPF22.133 卌井關～丞

EPF22.35 ～令史賞

EPF22.51A 甲渠鄣～候

EPF22.71A ～張掖居延

EPF22.82 城北～候長

EPF22.127 卌井關～丞

EPF22.257 ～卌井塞尉

EPF22.248 今調～候長

EPF22.249 ～卌井尉

EPF22.438 ～盡晦積一月食

EPF22.256 今調～萬歲候長

EPF22.250A 甲渠～候

EPF22.282 甲渠～

EPF22. 254A 謂第十～

EPF22. 247A 甲渠～候

EPF22. 38A 甲渠鄣～候

EPF22. 151CD 甲渠～候

EPF22. 188 ～塞尉

EPF22. 512 甲渠鄣～候

EPF22. 484 甲溝～候

EPF22. 334A 甲溝～候

0627
宜
66

EPF22. 79 以便～予

EPF22. 70 以便～財予

EPF22. 64A 聖恩～以時布

0628
寫
54

EPF22. 32 ～移爰書

EPF22. 82 謹～移

EPF22. 34 ～移書到

EPF22. 158 ～移

0629
宿
48

EPF22. 63A 奉共養～衛

EPF22. 485 ～食處

ESC14 居延中～里

0630
寬
16

ESC46 給常～

ESC33 給常～

EPT59. 68 遣～

0631 客 23
- EPT43.197 四月得占～在門
- EPF22.29 ～民寇恩
- EPT20.6 候繆訢～男子

0632 寄 11
- EPT44.8A 十五日～書
- EPF22.88 第三隧長薛～
- EPF22.145 檄～長＂

0633 寒 29
- EPF22.280 傷～
- EPT44.8B 且慎風～
- EPT56.318 病～炅

0634 害 27
- EPF22.190 止～隧
- EPF22.195 止～隧
- EPF22.189 止～隧長
- EPF22.721 患～不足悽

0635 宋 30
- EPF22.553 隧長～黨
- EPT59.191 萬歲候史～良
- EPT44.41 ～黨遺

0636 宗 61
- EPF22.66 [候]長～
- EPF22.45A ～室
- EPT27.61 長張～休代

宮部

0637
宮
41

EPF22. 63A
常樂～

EPF22. 151AB
皆後～等到

EPF22. 644
單～

EPF22. 128
～禄福男子

EPF22. 1
都鄉嗇夫～

EPF22. 29
嗇夫～

EPF22. 136
匡言～

EPF22. 380B
守尉史～

呂部

0638
呂
20

EPF22. 207
隧長～成

EPT48. 152B
財知篇～張魯

EPT51. 65
北卒～方政

穴部

0639
空
19

EPT51. 265
隊長敞亭～

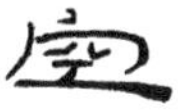
EPT52. 283
司～嗇夫李薄

EPF22. 67
大司～

0640
窬
1

EPT6. 91A
畦埒～疆畔

疒部

0641 疾

14

EPT65.520 齋～

EPT40.38 入官遷徙初～

EPT53.38 四月戊申～

疾 EPF22.713 以急～爲故

EPT50.133B 所～苦

0642 痛

1

EPT51.201A 頭～煩懣

0643 病

112

EPF22.80 ～加兩脾癰種

EPF22.246 ～致醫藥

EPF22.199 ～死

EPF22.280 ～泄注不偷

0644 瘦

3

庚 EPF22.23—22.24 黃牛微～

EPF22.8 黃牛微～

冖部

0645

冠

33

EPT6.73 ～各三

EPT65.39 免～叩頭

EPT51.209 毋～

冖部

0646

同

87

EPF22.330 與男～産兄良異居

EPF22.492 卒馮～病

EPT65.421 高～

𠔼部

0647

最

14

EPT52.376 ～凡候以下

EPF22.263 ～凡卒閣

EPT48.72A 可以染～

冃部

㒳部

0648

㒳

149

EPF22.202 ～人

EPF22.80 病加～脾雍種

EPF22.364 部吏卒所輸穀車～

网部

0649

罪

201

EPF22.686 叩頭死～死罪

EPF22.686 叩頭死罪死～

EPF22.164 ～別之

EPF22.32 叩頭死～死罪

EPF22.32 叩頭死罪死～

EPF22.68 ～別之

EPF22.351 叩頭死罪死～

EPF22.339 死～死罪

EPF22.417 叩頭死～

EPF22.415 ～當死

EPF22.187A 叩頭死～

EPF22.201 叩頭死=～=

0650

署

102

EPF22.61 徙～

EPF22.247A 聽書牒～從事

EPF22.399 ～第十七部候長

EPF22.275 不在～

EPF22.527 私去～

0651

罷

47

EPF22.248 若有代～

EPF22.256 有代～

EPF22.199 駒素～勞

0652
置
43

EPF22.189
馬～

EPF22.25
到第三～

EPF22.64A
～驛騎

EPF22.12
皆～業車上

EPF22.12
還到第三～

EPF22.521
～在故候長

EPF22.196
新沙～吏

巾部

0653
巾
4

EPT51.66
絮～一枚

EPT56.101A
布～一

0654
幣
26

EPF22.32
器物～敗

EPF22.285
或～[絶]

EPF22.285
索～絶

0655
帶
16

EPT59.2
甲～

EPT68.26A
～劍

EPT40.206
～羽

0656
常
123

EPF22.63A
～樂宮

EPF22.461
第六隊長～業

EPF22.656
男子丘～□

EPF22.167 候長~

EPF22.439 代夏侯~

EPF22.170 隧長~業

0657 帚

2

ES（T119）.3 □纂~一

0658 席

25

EPT56.190 ~一

EPT59.46 卒郱利作~

EPT6.9 卧內中韋~承塵

0659 ⿰巾盾

30

EPF22.309 弩~廿五

EPT59.11 弩~一

EPT6.3 弩~三

0660 布

156

EPT59.204 大黃~十三枚

EPT 59.205 大黃~十三枚

EPT 59.213 大黃~十三枚

帛部

0661 帛

40

EPF22.325A ~萬二千

EPF22.263 ~百三十六匹

EPF22.293 ~一匹二丈

白部

0662

白

白

174

EPF22.168 必舉～

EPF22.510 甲子～

EPF22.545 □當～

EPF22.658 壬子～

㡀部

0663

敝

敝

1

EPT59.60 至冬寒衣履～

第八　人部——次部

人部

0664

人

𠆢

690

EPF22. 56A
四～〓一牒

EPF22. 68
上赦者～數

EPF22. 196
其夜～定時

EPF22. 190
其日夜～定時

EPF22. 384
□～詩

EPF22. 562
桼～

EPF22. 78
千～

EPF22. 225
一～

EPF22. 451
凡五十三～〓六斛

EPF22. 224
一～

EPF22. 473B
借～乘隧長徐業等

EPF22. 265
四～

EPF22. 71A
千～官

EPF22. 233
殺略～民

EPF22. 263
三十一～

0665

保

𠈃

4

EPT40. 206
～雙蛇文

EPT59. 113
求～任爲卒

編號	字頭	數量	字形	出處	辭例
0666	仁	37		EPT40.7	高～叩頭白記
				EPF22.246	加恩～恕
				EPF22.330	居延臨～里
0667	伋	1		EPT65.23A	平居成尉～
0668	伯	16		EPT59.64	字君～
				EPT52.448A	大～足下
				EPT61.5B	～□一斛二斗五升
0669	仲	34		EPT52.182	鄣卒～常載茭
				EPF22.99	第十六隧長召～
				EPT59.29A	字少～
0670	倩	6		EPT53.38	候史公乘徐惠～
				EPT65.462	范少～所
				EPT56.213	靳次～
0671	倓	1		EPT50.1B	微密～言
0672	侚	1		EPT51.201A	即日加～
0673	佳	2		EPF22.211	妻君～取

0674
佗
3

- EPT48. 72A　家請橐～
- EPT59. 350　負橐～

0675
何
107

- EPF22. 249　萬歲候長～建
- EPF22. 257　萬歲候長～憲
- EPF22. 243　它～疾苦
- EPF22. 269　候長～自不言
- EPF22. 454　解～

0676
備
39

- EPF22. 361　～盜賊爲職
- EPF22. 351　～補憚等缺
- EPF22. 521　各～一弦

0677
偕
6

- EPT53. 33A　與計～
- EPF22. 465B　相～比見

0678
俱
43

- EPF22. 25　恩與業～來
- EPF22. 61　與循～休田
- EPF22. 600　～亡
- EPF22. 25　與業～來
- EPF22. 329　～起隧
- EPF22. 660　與～居
- EPF22. 234　與衆～追
- EPF22. 24　賈直～等耳
- EPF22. 268　～南隧長

0679 傅 15

- EPT48.142 臨桐隧長～育
- EPT51.471 山陽繕里～盖
- EPT53.192 鄣卒～千秋

0680 倚 2

- 倚 EPF22.724 ～庭侍酒

0681 依 2

- EPF22.41 及鑄錢所～長吏

0682 仍 1

- EPT65.39 過罪累～

0683 侍 9

- EPF22.154 ～祠者
- EPF22.159 當～祠者
- EPF22.161 當～祠者

0684 付 168

- EPF22.24 ～粟君妻業
- EPF22.27 ～業錢時
- EPF22.143 ～城北助隧長王明
- EPF22.143 明～呑遠助
- EPF22.343 ～第十三隧長
- EPF22.16 ～業錢時
- EPF22.13 ～業
- EPF22.200 不以死駒～永=

0685

佰

2

EPT50.42A 張～丈

EPT50.42B 張～丈

0686

作

115

EPF22.27 并以欽～賈穀

EPF22.39 毋得鑄～錢

EPF22.26 積～三月十日

EPF22.40 毋鑄～錢者

EPF22.39 縣官鑄～錢

EPF22.16 以欽～

EPF22.18 欽～賈餘穀

EPF22.43 部吏毋～

EPF22.43 畜牧田～不遣

EPF22.43 諸～

EPF22.15 積～三月十日

0687

借

15

EPF22.23 ～恩爲就

EPF22.24 從粟君～牛

EPF22.29 又～牛一頭

EPF22.200 擅自假～

EPF22.188 ～馬一匹

EPF22.473B ～人乘隧長

0688

侵

75

EPF22.640 不～部

EPF22.206 不～隧長石野

EPF22.184 不～部

0689

傒

1382

EPF22.30 不與～書相應

EPF22.30 今～奏記府

EPF22.438 城北守～長

EPF22.709 甲渠鄣～以郵行

EPF22.426 士吏～長

EPF22.706 居延～長

EPF22.289 ～當負

EPF22.249 萬歲～長何建

EPF22.247A 甲渠守～

EPF22.82 城北守～長

EPF22.29 甲渠～書曰

EPF22.51A 甲渠鄣守～

EPF22.151AB 居延甲渠鄣～

EPF22.158 行～文書事

EPF22.250A 甲渠守～

EPF22.256 萬歲～長

EPF22.59 甲渠～官

EPF22.36 ～粟君

EPF22.130 ～長上官武

EPF22.283 從故～張獲

EPF22.521 故～長王恭所

EPF22.53A 甲渠鄣～

EPF22.353 以迹～

EPF22.61 萬歲～長

EPF22. 355 甲渠城北～長

EPF22. 60 甲渠～官

EPF22. 736 出入塱～

EPF22. 70 千人～

EPF22. 163 甲渠鄣～

EPF22. 158 第四～長憲

EPF22. 627 乏～塱

EPF22. 842 [十]七～長

EPF22. 248 調守～長

EPF22. 169 領甲渠～職

EPF22. 191 ～長孟憲

EPF22. 187A 甲渠鄣～獲

EPF22. 334A 甲溝守～

EPF22. 50A 行～事

EPF22. 45A 行～事

0690 償

46

EPF22. 30 ～不相當

EPT56. 8 貧急毋錢可～

EPF22. 17 用～所負錢

0691 代

54

EPF22. 58 ～鄭駿

EPF22. 439 ～夏侯常

EPF22. 256 有～

EPF22. 248 若有～

EPF22. 60 ～孫良

EPF22. 586 ～騎士王敞

（代）
- EPF22.647 ～隧長郅嚴
- EPF22.648 ～隧長

0692 便 39
- EPF22.79 以～宜予
- EPF22.63A ～臣秩郎
- EPF22.221 劉玄及王～

0693 任 47
- EPF22.614 公不～用
- EPF22.689 不～吏職
- EPT56.10 ～者

0694 使 121
- EPF22.368 隆～吏牧馬
- EPF22.43 諸作～秦胡盧水
- EPF22.38A 作～賓客
- EPF22.360 府移～者治所録曰
- EPF22.43 部吏毋作～屬國

0695 傳 54
- EPF22.69 及齎乘～者
- EPF22.489 ～言
- EPF22.56B ～致官
- EPF22.304 廚～食者衆

0696 倍 2
- EPT59.163 馬牛各且～
- EPT59.163 諸萬物可皆～

0697 偏 3
- EPT52.167 長～
- EPF22.65A ～將軍

0698 僓 1
- EPF22.281 何僓～守候也

0699 偃 18
- EPT56.107 侯～
- EPT52.230 陳～
- EPT52.208 魯～

0700 傷 59
- EPF22.280 ～寒
- EPT58.32 吏肄射～弩名籍
- EPT56.334 ～左橆

0701 伏 106
- EPT58.42A ～地再拜
- EPT65.197 ～自念
- EPF22.697A 黨～地言

0702 伐 37
- EPF22.53A 部吏毋～樹木
- EPF22.48A 吏民毋得～樹木
- EPF22.53A 吏民毋得～樹木
- EPF22.477B ～茭償

0703 件 3
- EPT40.6A 貸韋二～
- EPT40.6B 用羊韋八十三～

0704
伕
1

EPS4T1.9A
子～

0705
佂
1

EPT40.207
～蛇文

0706
佐
67

EPF22.693
書～萌

EPF22.723
□以假～假假假

EPF22.68
書～況

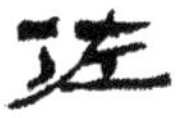
EPF22.71A
書～豐

EPF22.462B
書～參

0707
免
43

EPF22.56A
庠～

EPF22.691
捕斬反羌～者

EPF22.689
以令斥～

EPF22.253
庠～

EPF22.517
□～

0708
傡
5

EPT8.15
～索南所

EPT20.21
～塞南行

0709
僈
1

EPF22.281
何～僨守候也

0710
儌
12

- EPF22. 233 從～外來
- EPT48. 75 游～（徼）
- EPF22. 362 關～逐捕未得

0711
傯
4

- EPF22. 280 病泄注不～
- EPT59. 269 五齊不～

匕部

0712
真
14

- EPF22. 248 ～官到
- EPF22. 481 ～官到
- EPT11. 2 ～

从部

0713
從
169

- EPF22. 42 ～兵起以來
- EPF22. 79 ～史令田
- EPF22. 70 ～史田吏
- EPF22. 24 非～粟君借牛
- EPF22. 27 又～鱳得
- EPF22. 221 以科列～事
- EPF22. 223 ～奴與購如比
- EPF22. 251 聽書～事
- EPF22. 691 ～事督察

EPF22. 452
承書～事

EPF22. 255
聽書～事

EPF22. 188
～女子馮

EPF22. 65A
承書～事

EPF22. 63A
～官秩下

EPF22. 247A
聽書牒署～事

0714

并

29

EPF22. 265
～居臨桐隧

EPT51. 302
凡～直二千

EPF22. 27
～以欽作賈穀

EPF22. 24
～以錢卅二萬

EPF22. 201
當～坐

EPF22. 264
～居當曲隧

EPT48. 22A
～十七隧

EPF22. 10
～以錢卅二萬

比部

0715

比

19

EPF22. 232
與購如～

EPF22. 233
從奴它與購如～

EPF22. 223
從奴與購如～

北部

0716
北

274

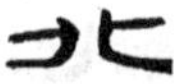
EPF22. 82
城～守候長

EPF22. 196
行殄～警檄來

EPF22. 211
止～隧長竇永

EPF22. 352
甲渠城～隧長徐惲

EPF22. 438
城～守候長

EPF22. 13
又到～部

EPF22. 391
誠～部

EPF22. 340
令子男殄～休

EPF22. 142
卅井誠勢～隊長

丘部

0717
丘

35

EPT53. 31
戍卒魏郡貝～翏里

EPF22. 656
新占男子～常□

EPT56. 92
戍卒魏郡貝～匠里

㐺部

0718
眾

35

EPF22. 304
傳食者～

衆 EPF22.287 隨～

EPF22.226 ～兵

EPF22.234 與～俱追

0719
聚

14

EPF22.45A 嫁～

EPF22.63A 民不贅～

EPF22.44 嫁～過令者

EPF22.45A 娉～各如令

王部

0720
徵

5

EPT59.163 貴者～賤物

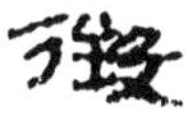
ES（T115）.1 ～詔黑紱黄綬吏

0721
朢

75

EPF22.289 非乘亭候～

EPF22.888 ～南隧長

EPF22.736 出入～候

EPF22.564A 反責～家□

重部

0722 重

34

字形出處	辭例
EPT56.257	謹寫～
EPT59.52	券書～約
EPF22.286	罪法～疊身死

臥部

0723 臨

198

字形出處	辭例
EPF22.135	～木候長
EPF22.650	～桐
EPF22.140	～木候長
EPF22.248	隧長史～
EPF22.270	～之隊長

身部

0724 身

25

字形出處	辭例
EPT40.203	視之～中
EPT40.202	視之～中
EPT48.81	尉宜勞～行

㐆部

0725
殷
20
EPT53.67 ~掾叩頭
EPT59.363 王~昌衣裝橐

衣部

0726
衣
119
EPF22.463A 失亡~物
22.38A ~物
EPF22.39 ~物

0727
表
17
表 EPT40.206 强者~葸
EPS4T2.137 蓬~苣火出入時
EPT51.96 使者周君~衰

0728
袍
26
EPT59.374 官布~直四百五十
EPT56.9 福負卒王廣~襲錢
EPT59.31 ~一領

0729
衺
8
EPT58.36 人=受~尺三寸
EPT68.188 創~三寸

0730
褱
42
EPF22.153A 告勸農掾~
EPF22.154 ~尚考察
EPF22.438 守候長王~

0731
複
13
EPT52.187 白練~大襲一領
EPT52.187 縹~襦一領
EPF19.12 布~袍一領

字頭	編號	字次	例一	例二	例三
被	0732	10	EPT52.86 卒~兵名籍	EPT56.91 臨木部卒~兵簿	EPT58.33 戍卒~兵名籍
雜	0733	7	襍 EPF22.521 校省弦~臬	EPT48.26 有~	EPT49.8 史~付執虜憲丘
補	0734	33	EPF22.58 除~	EPF22.351 備~惲等缺	EPF22.60 除~
裝	0735	4	EPT56.17 縣絮~	EPT59.363 衣~橐	
卒	0736	1275	EPF22.237 吏~	EPF22.246 以文理遇士~	EPF22.505 □自山~周駿
			EPF22.263 最凡~閣三十一人	EPF22.505 及三堠~王尊	EPF22.704 鄣~趙圍

裘部

字頭	編號	字次	例一	例二	例三
求	0737 重	12	EPT52.165 ~當報	EPF22.463A ~索弩	EPF22.196 永~

老部

0738

考

8

EPF22.537 爲～問□□

EPF22.154 ～察

EPF22.161 方～行

EPF22.64A 督臧者～察

0739

孝

24

EPF22.251 隧長～

EPF22.252 隧長李～

EPF22.354 第廿九隊長鄭～

EPF22.256 第十守士吏李～

尸部

0740

居

530

EPF22.153A 張掖～延城司馬武

EPF22.153A 以～延倉長印封

EPF22.68 以～延倉長印封

EPF22.71A 張掖～延

EPF22.26 恩～

EPF22.76 ～延左右尉

EPF22.25 俱來到～延

EPF22.459 府告～延

EPF22.423 ～延都尉

EPF22.56A ～延令

EPF22.34 ～延令

EPF22.147 去～延百卅里

EPF22.75 ～延丞

EPF22.27 來到～延

EPF22.351 ～延

EPF22.68 張掖～延城司馬武

EPF22.73 ～延都尉丞

EPF22.193 ～延收降亭

EPF22.193 蔡君起～檄

EPF22.189 ～延收降亭

0741

屠

2

EPF22.47A 毋得～殺馬牛

0742

屋

15

EPS4T2.27 ～蘭長漆枸里

EPT56.10 ～蘭定里石平所

EPT51.698 ～蘭

尺部

0743 尺 112

EPF22.878 ～寬

EPT27.10 帛二丈六～

EPT59.83A 丈五～厚四尺

尾部

0744 屬 81

EPF22.70 張掖～國

EPF22.71A 守～恭

EPF22.284 有家～

EPF22.42 ～國

EPF22.43 ～國

EPF22.68 守～恭

舟部

0745 俞 2

EPT52.228 少～

0746 服 51

EPF22.61 循～六石弩一

EPT49.13A 輒持～兵

EPF22.332 恭不～取鼓

方部

0747
方

103

EPF22.502 ~往課

EPF22.459 ~有警備

EPF22.161 ~考行

EPF22.558 ~義罰

EPF22.463B ~私亟自□□爲書

儿部

0748
兒

19

EPF22.419A 千三百五十~子

EPT48.46 長~政

EPF22.448A ~政

0749
充

80

EPF22.604 ~業五月皆不乘

EPT51.18 候長呂憲王~

EPF22.841 對曰~

兄部

0750
兄

15

EPS4T2.114A 二~

EPT52.165 使~首加非法於君

EPT61.6 有~弟喪

先部

0751

先

28

EPF22.288
~以證不言請

EPF22.1
~以證財物故不

EPF22.21
~以證財物

EPF22.234
~登□

見部

0752

見

237

EPF22.314
校~六十桼

EPF22.686
得復~日月

EPF22.694
不~

EPF22.563
毋~賦錢

EPF22.418
三月毋~賦錢

EPF22.203
~吏

EPF22.449
當~車

EPF22.179
~二千六百

EPF22.176
~二千二百五十五

EPF22.177
~千三百二

EPF22.667
卒東郭章~

EPF22.179
~千三百

0753 視 51

- EPF22.61 癸巳～事
- EPF22.81 未能～事
- EPF22.694 ～事

0754 親 19

- EPT65.200B 想思～候
- EPT51.163B 伏地掾利～
- EPT65.470 日～

欠部

0755 欽 19

- EPF22.26 恩子男～
- EPF22.593 縢長晉～
- EPF22.27 以～作賈穀
- EPF22.14 恩子男～
- EPF22.16 以～作

0756 欲 72

- EPF22.26 ～取軸器物去
- EPF22.26 ～持器物
- EPF22.325A ～擊河以西
- EPF22.233 ～寇盗殺略
- EPF22.32 今～歸

0757 次 78

- EPF22.68 近秩～行
- EPF22.351 除吏～備補惲等缺
- EPF22.153A 近秩～行

0758

歆

14

EPF22.151A
男子王～等

EPF22.134
王～

EPF22.137
男子王～

㱃部

0759

㱃

18

飲
EPF22.81
～未能視事

EPT59.270
欲～藥

EPT68.19
～再行

EPT56.228
置杯酒中～之

EPT68.1
持酒來過候～

EPT51.323
勞邊使者過郡～

次部

0760

盜

51

EPF22.361
～賊

ESC.7A
强～

EPT68.17
寇虜～賊

EPT52.266
毋～賊發者

EPF22.169
督～賊

EPT48.132
毋水火～賊發者

ESC7.A
爲～賊

EPF22.284
督～賊

EPT68.10
備～賊

EPF22.166
督~賊鳳

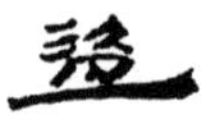
EPF22.38A
及~發冢

EPT68.166
~賊

EPT68.35
備~賊

EPT68.140
備~賊

EPT52.339
~所主守隧

第九 頁部——象部

頁部

0761
頭

335

EPF22.29
五千~

EPF22.29
用牛一~

EPF22.23
五千~

EPF22.22
育出牛一~

EPF22.23
牛一~

EPF22.62A
叩~死罪

EPF22.32
叩~

EPF22.339
叩~

EPF22.351
叩~

EPF22.7
牛一~

EPF22.280
~通潘懑

EPF22.5
牛一~

EPF22.341
八~

EPF22.187A
叩~死罪

EPF22.697A
叩=~=因言□

EPF22.697A
甚善叩=~=

EPF22.201
叩~

EPF22.415
叩~

字頭	數量	出處
（續）		EPF22.517 叩～；EPF22.784 ～死罪；EPF22.406 叩～死罪
（續）		EPF22.548 叩～
0762 顯	75	頟 EPF22.29 ～沽出；EPF22.30 ～詣鄉；EPF22.647 業～今月休
0763 領	120	EPF22.70 ～河西五郡；EPF22.131 ～職；EPF22.169 ～甲渠候職；EPF22.201 教勑要～
0764 顧	5	EPT49.9 ～之；EPF22.8 ～就直
0765 順	8	EPT59.61 務～時氣；EPF22.873 徐～；EPT3.10 騎司馬～以秩次行
0766 煩	9	EPT59.49A ～懣；EPT51.201A 頭痛～懣；EPT44.13A ～勞候

面部

0767

面

13

EPT50.223　四～

EPT52.141　～衣各一

EPF22.269　南～壞

首部

0768

首

17

EPF22.69　臣稽～請

EPT65.26B　又因頓～

EPF22.64A　稽～以聞

県部

0769

縣

102

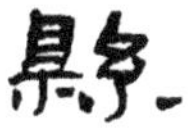

EPF22.68　下官～

EPF22.65A　官～

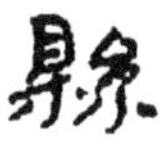

EPF22.71A　謂官～

EPF22.153A　謂官～

EPF22.186　～官

EPF22.200　～官

EPF22.199　～官

須部

0770 須

須（篆）

31

EPF22.35
~以政不直者法

EPF22.35
~以政不直者法

EPF22.193
~臾去

彡部

0771 弱

弱（篆）

7

EPT40.206
~則利

EPT59.3
未央貧急軵~

EPT48.8
案嚴軟~不任候望

文部

0772 文

文（篆）

57

EPF22.68
~書事

EPF22.158
~書事

EPF22.153A
~書事

EPF22.246
以~理遇士卒

EPF22.463B
~以公事

后部

0773

后

后

2

EPT51.220
司~

司部

0774

司

司

60

EPF22.65A
~徒□

EPF22.65A
騎~馬武行副咸事

EPF22.153A
居延城~馬武

EPF22.70
~馬

EPF22.68
居延城~馬武

EPF22.71A
告~馬

卩部

0775

令

令

550

EPF22.691
不應法~

EPF22.221
以舊制律~

EPF22.56A
居延~

EPF22.693
律~

EPF22.56A
如律~

EPF22.59
~史孫良

EPF22.60
~史

EPF22.154
如律~

EPF22.74
居延~

EPF22. 462A
毋～繆

EPF22. 167
恭等～隧長旦蚤迹

EPF22. 351
～居延

EPF22. 153A
～鮮明

EPF22. 153A
～丞以下當

EPF22. 39
～應法度

EPF22. 153A
～丞循行

EPF22. 159
～鮮明

EPF22. 161
～脩治社稷

EPF22. 79
從史～田

EPF22. 30
～明處

EPF22. 22
甲渠～史

EPF22. 45A
娉聚各如～

EPF22. 35
守～史賞

EPF22. 167
將軍～

EPF22. 64A
無～有姦

EPF22. 44
毋嫁聚過～者

EPF22. 51B
～史嘉

EPF22. 192
憲～隧長

EPF22. 161
～鮮明

22. 247A
如律～

EPF22.160 如府書律～

EPF22.71A 律～

EPF22.255 如律～

EPF22.597 如律～

0776 卷

10

EPF22.408 算～

EPF22.591B □事～

EPT52.47 自書所言一～

0777 卻

15

EPF22.30 廷～書曰

EPT68.38 蘭越甲渠～適

EPT52.247 責～虜

印部

0778 印

114

EPF22.158 以私～行候文書事

EPF22.68 倉長～封

EPF22.153A 倉長～封

EPT6.7 私～行候文書事

EPT6.36 ～破

EPT59.317 徐尊～

色部

0779 色

5

ESC.9A 黑～圓面

ESC.11A 黑～

卯部

0780 卿

178

EPF22.63A 得食～録

EPT51.45 龍～治所

EPF22.193 府～蔡君

辟部

0781 辟

51

EPF22.140 謹推～

EPF22.129 各推～界中

EPF22.135 謹推～

EPF22.129 謹推～

勹部

0782 旬

6

EPT65.200B ~日邑〃

EPT48.143 ~月邑〃

EPS4T2.100 二~

0783 匈

28

EPF22.80 ~脅丈滿

EPF22.231 右捕~奴虜購科賞

EPF22.222 捕斬~奴虜

EPF22.225 ~奴閒候一人

EPF22.224 其斬~奴將率者

0784 冢

3

冢 EPF22.39 發~衣物

EPF22.38A 盜發~

茍部

0785 敬

17

EPF22.159 以謹~

EPF22.154 務以謹~

EPF22.161 謹~

嵬部

0786

巍

巍

2

EPT52. 494

魏　戍卒～郡鄴

山部

0787

山

山

60

EPF22. 60

孤～里大夫

EPF22. 325A

～谷

EPF22. 505

□自～卒周駿

EPF22. 523

今諸部～多節□

0788

岑

岑

13

EPF22. 142

隊長房～

EPF22. 297

隊長張～

EPF22. 527

隊長張～

0789

崇

崇

29

EPF22. 71A

丞～

ESC. 1A

安衆侯劉～謀反

EPF22. 462A

丞～

0790

崔

崔

4

EPT44. 8A

今遣～尉史

EPT48. 154A

～孝褭

屵部

0791

岸

岸

4

EPT53.18 會赤~茭中

EPT40.53 伐茭赤~

EPT68.88 上~逐丹

广部

0792

府

府

309

EPF22.151AB 丁酉食時到~

EPF22.163 ~下赦令

EPF22.290 尉史忠平甬~

EPF22.360 ~移使者治所

EPF22.351 ~省察

EPF22.138 詣~

EPF22.30 ~録

EPF22.42 ~書曰

EPF22.38A 大將軍莫~

EPF22.53A ~書曰

EPF22.134 甲午日入到~

EPF22.649 唯官謁言~

EPF22.146 食時到~

EPF22.127 ~記曰

EPF22.193 ~卿蔡君

EPF22.151AB ～告

EPF22.709 ～告甲渠鄣候

0793
庭

庭

79

EPF22.724 倚～侍酒

EPF22.705 絣～

EPT8.21 辟驗問絣～

0794
廚

廚

3

EPF3.11 後～

EPF22.304 ～傳食者衆

0795
廏

廏

4

EPF22.69 縣～

廚 EPF22.64A 縣～

0796
廣

廣

67

EPT51.81 ～地候印

EPF22.355 居延～地里

EPT48.147 ～地候官

0797
庾

庾

1

EPF22.338A ～主者吏名

0798 龐

8

EPT44.8B ~子陽魚數也

EPT5.5 ~氏

EPT27.17 第桼隧卒~耐

0799 庶

19

EPF22.221 免爲~人

EPF22.193 至~虜

EPT59.266 常安城中~士

0800 庨

24

庌 EPF22.689 以令~免

EPF22.515 府記曰~免 隧 長

EPF22.56A ~免

EPF22.253 ~免

0801 廖

8

EPT59.119 病有~（瘳）

EPT58.22 即日有~

EPT31.4 昌病有~（瘳）

厂部

0802 仄

2

EPT51.224A 中功~君

EPT51.224A 邑大夫官~

0803 厭

3

厭 EPT59.6 ~破不事用

EPT49.3 ~魅書

石部

0804

石

758

EPF22. 28 不相當穀廿～

EPF22. 27 市穀決～四千

EPF22. 22 與交穀卌～

EPF22. 23 齒八歲穀廿七～

EPF22. 76 奉穀月十五～

EPF22. 29 穀廿七～

EPF22. 25 一～去盧一

EPF22. 73 奉穀月卌～

EPF22. 72 月六十～

EPF22. 25 凡爲穀三～

EPF22. 26 爲穀廿～

EPF22. 25 爲業糴大麥二～

EPF22. 75 奉穀月十五～

EPF22. 97 四月食三～

EPF22. 316 五～

EPF22. 400 以二～食鍚

EPF22. 85 正月食三～

EPF22. 109 七月食三～

EPF22. 84 正月食三～

EPF22. 318 五～

EPF22. 306 五～

石（續）

EPF22.417　三~具弩一

EPF22.325A　~千二百

EPF22.437　用穀三~

0805 磑　2

EPT6.90　碓~扇隤舂簸揚

0806 碓　1

EPT6.90　~磑扇隤舂簸揚

0807 磨　1

EPS4T2.128A　及竹札~日

長部

0808 長　1610

EPF22.151AB　男子郭~

EPF22.116　隧~召蒲

EPF22.82　城北守候~匡

EPF22.82　隧~黨

EPF22.270　臨之隊~徐業

EPF22.80　城北隧~黨

EPF22.135　隧~

EPF22.362　~吏使劾者

EPF22.461　第二隧~

EPF22. 593
當曲隧～

EPF22. 709
隧～淳于爲自言

EPF22. 644
第九隧～單宫

EPF22. 248
第二隧～史臨

EPF22. 223
君～將率者

EPF22. 158
第四候～憲

EPF22. 135
候～上官武

EPF22. 143
助隧～王明

EPF22. 170
隧～常業

EPF22. 252
第十四隧～

EPF22. 647
代隊～郅嚴

EPF22. 888
壄南隧～

EPF22. 426
候～食用穀致

EPF22. 352
城北隧～

EPF22. 249
萬歲候～何建

EPF22. 158
甲渠候～

EPF22. 206
不侵隧～

EPF22. 248
調守候～

EPF22. 212
第九隧～單宫

EPF22. 283
第廿四隊～

EPF22. 308
臬～弦

EPF22. 275
第廿一隊～成多

EPF22. 358
萬年隧～

EPF22. 298
卅井隧～

EPF22.144 隧~董習

EPF22.142 隧~張勳

EPF22.142 隊~房岑

EPF22.259 臨木隧~陳陽

EPF22.120 隊~王猛

长 EPF22.258 第二隧~史臨

EPF22.191 隧~秦恭

EPF22.842 候~良言

EPF22.189 止害隧~

EPF22.448A 隧~王匡

0809

镾

1

EPT59.19 ~衣橐

勿部

0810

勿

14

EPT52.55 ~爲收責

EPT6.15 不侵候長~言尉

EPT 59.249 ~令愚民爲巧詐

丹部

0811
丹

1

EPT51.20
～不事用

而部

0812
而

40

EPF22.289
～以弩假立

EPF22.362
以此知～劾

EPF22.21
～不更言請者

EPF22.330
～不更言請

EPF22.2
～不更言請者

0813 重
耐

14

EPF22.80
不～食

EPF22.694
通～夫當未

EPT27.17
龐～

豕部

0814
豬

7

EPT59.108
～一青黍十斛

EPT52.80
遺～餘魚

猪

EPT51.273

當曲隧卒～

0815 獱

1

EPF22.731

豭～

0816 豭

1

EPF22.731

～獱

希部

0817重 豪

3

EPF22.223

酋～

EPF22.41

～彊者名

EPT52.15

～富吏民

彑部

0818 彘

2

EPT8.9

河東～

象部

0819

豫

4

EPF22.347
得~買篋枲作

EPT52.396
~繕治

第十 馬部——心部

馬部

0820

馬

276

EPF22.65A 尹騎司～

EPF22.68 司～武

EPF22.71A 告司～

EPF22.200 以縣官～

EPF22.352 主養驛～

EPF22.153A 司～武

EPF22.189 ～罷

EPF22.194 放～

EPF22.197 騎放～行檄

EPF22.197 所放～

EPF22.195 放～及駒

EPF22.190 持放～

EPF22.194 驛～

EPF22.188 借～一匹

EPF22.190 騎放～

EPF22.190 ～去

EPF22.47A 毋得屠殺～牛

0821 駒

18

EPF22.199 ~素罷勞

EPF22.197 取~

EPF22.200 以死~付永=

EPF22.186 永不當負~

EPF22.186 ~死

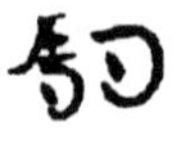
EPF22.195 放馬及~

EPF22.199 ~死

EPF22.191 ~死

EPF22.190 牢~

EPF22.200 永=不當負~

EPF22.589 放~狀

0822 駿

32

EPF22.58 代鄭~

EPF22.275 候長趙~

EPF22.505 周~

EPF22.57 尉史鄭~

0823 驗

79

EPF22.21 爰書~問

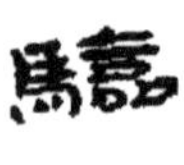
EPF22.31 更詳~問

EPF22.30 書到~問

EPF22.130 ~問候長

EPF22.140 ~問

EPF22.170 謹~問

- EPF22.135 ~問
- EPF22.275 ~問
- EPF22.192 謹~問
- EPF22.191 ~問

0824 騎

騎

87

- EPF22.65A 尹~司馬
- EPF22.69 驛~
- EPF22.64A 驛~
- EPF22.197 還~放馬
- EPF22.189 ~永所用驛
- EPF22.190 ~放馬

0825 馮

馮

64

- EPF22.65A 史~
- EPF22.194 士吏~匡
- EPF22.196 ~章
- EPF22.188 女子~吳

0826 馳

馳

16

- EPT56.75 馬~行
- EPT56.1 馬~行
- EPF22.713 ~行

0827 驚

驚

17

- EPT52.487 甲渠~虜隊長
- EPT52.339 ~糒
- EPT16.7 府~當備者

0828

驛

38

EPF22. 69

~騎

EPF22. 352

~馬

EPF22. 64A

~騎

EPF22. 189

所用~

0829

騂

6

EPT40. 204

~視白堅隨逢上

EPT56. 19

則即~馬

廌部

0830 重

法

32

EPF22. 39

輒行~

EPF22. 35

以政不直者~

EPF22. 38A

不如~度

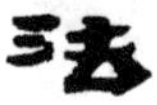

EPF22. 39

令應~度

EPF22. 691

不應~令

EPF22. 304

諸以~食者

EPF22. 200

請行~

兔部

0831 兔

1

EPF22.69 玄~樂狼

0832 冤

4

寃 EPF22.728 ~忿怒仇

EPT58.90 不~失

犬部

0833 犬

10

EPT51.576 ~惡

EPF19.12 ~絉二兩

0834 狗

14

EPT52.545 即遣卒小~

EPT57.108B ~虀少一

EPF22.239 有~不

0835 猗

1

EPT51.380 河東~氏

0836 狀

123

EPF22.131 教敕吏毋~

EPF22.39 名~

EPF22.548 職事毋~

EPF22.353 ~辤曰

EPF22.201 毋~

EPF22.191 皆知~

0837
犯
26

EPF22.589 放駒~

EPF22.45A ~者

EPF22.39 四時言~者

EPF22.51A 吏民毋~四時禁

EPF22.319 胡虜~塞入

EPF22.50A 毋~四時禁

EPF22.39 部吏毋~者

EPF22.318 胡虜~塞入

0838
猛
37

EPF22.120 隊長王~

EPT59.8 審如~言

EPT59.3 士吏~敢言之

0839
獲
17

EPF22.460A 鄣候~

EPF22.283 張~

EPF22.201 ~教敕要領

EPF22.187A 甲渠鄣候~

0840
狼
1

EPF22.69 欒~至旁近郡

㹜部

0841 獄

21

EPF22.582 ～對事

EPT68.32 詣居延～

EPF25.11 令史駿劾移居延～

能部

0842 能

49

EPF22.81 未～視事

EPF22.429 不～多持穀

EPF22.22 不～行

EPF22.4 不～行

EPF22.197 不～

火部

0843 火

79

EPF22.414 舉～

EPF22.355 以通藁～

EPF22.414 舉～不[應]

0844 燔

51

EPT68.91 不以時～舉

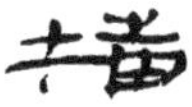

EPT50.134A 北塞舉二𤋱～

EPT52.207 延～尊錢財衣物

0845
炭

1

ESC. 84
～盧一

0846
尉

421

EPF22. 57
～史鄭駿

EPF22. 76
居延左右～

EPF22. 56A
丞審告～謂鄉

EPF22. 65A
下部大～

EPF22. 45A
甲渠塞～

EPF22. 158
告～

EPF22. 188
守塞～放

EPF22. 58
甲渠候官～史

EPF22. 257
守卅井塞～

EPF22. 153A
行都～文書事

EPF22. 452
兼～史嚴

EPF22. 50A
甲渠塞～

EPF22. 48A
甲渠塞～

EPF22. 71A
居延都～曠

EPF22. 452
下～

EPF22. 68
行都～文書事

EPF22. 4
～史周育

EPF22. 193
～放使

EPF22. 249
守卅井～

0847 重 **焦**

9

- EPT58.46 郡蕩陰邑～里
- EPF22.192 隊長～永
- EPF22.189 隊長～永

0848 **光**

63

- EPT52.796 永～五年
- EPT51.163A 永～二年
- EPT59.31 ～交錢

0849 **熱**

5

- EPT59.49A 寒～
- EPT10.8 治除～方

0850 **炅**

3

- EPT51.535 寒～未能
- EPT56.318 病寒～

0851 **𤇾**

89

- EPT40.204 騂視白堅隨～上者
- EPT50.134A 甲渠河北塞舉二～
- ⿱蓬灬 EPF22.355 以通～火
- EPF22.423 甲渠督～掾
- EPF22.283 督～掾
- EPF22.272 舉～燔薪
- EPF22.284 督～行塞
- EPF22.285 或毋～
- EPF22.589 督～
- EPF22.274 即日～通君

黑部

0852 黑　黑　21

EPF22.24 因賣～牛

EPF22.24 牛～

EPF22.24 取～牛去

EPF22.22 ～特

EPF22.5 ～特

EPF22.10 因賣～牛

0853 黠　黠　2

EPF22.38A 姦～

0854 黨　黨　54

EPF22.80 隊長～

EPF22.82 隊長～

EPF22.417 馮～

EPF22.35 掾～

大部

0855 大　大　466

EPF22.70 ～將軍

EPF22.38A 府移～將軍莫府

EPF22.60 ～夫孫況

EPF22.25 ～笥一合

EPF22.65A 下部～尉

EPF22.63A ～夫

EPF22.11 ～笥一合

EPF22.26 ～男

EPF22.25 ～麥二石

0856

奈

17

EPF16.51 ～何

EPT65.98A 當～＝何＝

EPT59.592 意～何之

亦部

0857

亦

10

EPT8.14 尉～不詣迹所

EPW.16 書～急傳

EPT59.163 ～自爲極賤矣

夨部

0858

吴

22

EPF22.117 隧長李～

ESC.123 ～昌六月食

EPF22.188 從女子馮～借馬

夭部

0859

72

EPT53.276B ～甚

EPT51.224A 五大夫～臨

EPT59.896B ～教

交部

0860 交

19

EPF22.5 與～穀十五石

EPF22.22 與～穀卅石

EPF22.22 與～穀十五石

EPF22.5 與～

幸部

0861 執

35

EPT65.200A ～事起居平善

EPT8.18 故～胡

EPT65.31 ～事起居

0862 報

70

EPT49.46B 何以殊毋～

EPF22.35 亟～

EPT48.72B 有～守部求

夲部

0863

奏

38

EPT51. 25
尉史彊～封

EPF22. 30
今候～記府

夫部

0864

夫

120

EPF22. 694
通耐～當未

EPF22. 21
都鄉嗇～宮

EPF22. 1
都鄉嗇～宮

EPF22. 29
都鄉嗇～宮

EPF22. 127
都田嗇～丁

EPF22. 63A
大～

EPF22. 60
大～孫況

立部

0865

立

40

EPT52. 598
可～治

EPT 68. 13
令史～敢言之

EPT 68. 14
甲渠令史～

竝部

0866

竝

62

EPT4. 44 卒張～取

EPT51. 304 令史～封

EPT59. 46 卒郭～取蒲

EPS4T2. 1 第七隧長～

EPT52. 635 調令史～

EPT40. 153 候長～

EPT52. 278A ～伏地言

EPT50. 67 ～馬病

思部

0867

思

14

EPT49. 12B ～告勑記

EPT65. 200B 想～親候

心部

0868

心

15

EPT44. 4A ～中驩喜

EPT49. 12A 兄弟但有維～耳

EPT5. 76A 遠～近室

0869 志 5

- EPT49.47 代樊～卌二日
- EPT40.54 從～貰買官
- EPT65.200A ～傳

0870 意 37

- EPF22.154 不以爲～者
- EPT52.426 成～
- EPT52.247 徐～居錢

0871 應 24

- EPF22.30 相～
- EPF22.165 毋～書
- EPF22.39 令～法度

0872 慎 13

- EPF22.506 ～
- EPS4T1.12 不～微小
- EPT50.1A 謹～敬戒

0873 忠 72

- EPT59.356 ～當負
- EPF22.290 尉史～平甬府
- EPT49.6A 塞尉～
- EPT51.687 廿五隊長～
- EPT50.9 尉史～封

0874 念 5

- EPT48.53D 懷抱之～
- EPT65.197 伏自～

0875 憲 67

- EPF22.61 候長～
- EPF22.158 候長～等
- EPF22.159 ～等循行

0876

惲

27

EPF22.191
候長孟~

EPF22.257
候長何~

EPF22.192
~令隊長

EPF22.192
~恭

EPF22.887
以時語~

EPF22.351
備補~等缺

EPF22.352
~隧居

EPF22.352
隧長徐~

EPF22.272
隧助吏杜~

0877

恭

49

EPF22.258
第一隧長秦~

EPF22.192
憲~

EPF22.191
隊長秦~

EPF22.71A
守屬~

EPF22.462B
守屬~

EPF22.68
守屬~

EPF22.521
故候長王~

EPF22.330
~辤曰

EPF22.329
召~詣治所

EPF22.694
~本不見丹

EPF22.694
責~鼓一

EPF22.694
~視事

0878 恕

1

- EPF22. 246　加恩仁～

0879 慈

4

- EPT51. 310　～其索
- EPF22. 291　伐～其

0880 恩

80

- EPF22. 23　粟君謂～曰
- EPF22. 26　粟君謂～
- EPF22. 27　以其賈與～
- EPF22. 26　～居
- EPF22. 31　～辭
- EPF22. 32　用～器物
- EPF22. 30　～辭
- EPF22. 29　～願沽出
- EPF22. 29　客民寇～
- EPF22. 32　～不肯受
- EPF22. 26　又～子男欽
- EPF22. 25　～與業
- EPF22. 24　～到觻得
- EPF22. 24　～以大車
- EPF22. 23　借～爲就
- EPF22. 25　後～
- EPF22. 24　～即取黑牛去
- EPF22. 26　～不敢

EPF22.246
加～仁恕

EPF22.36
寇～

EPF22.64A
聖～宜以時布

EPF22.645
～澤誠深

0881
慶

26

EPF22.357
隧長鄭～

EPF22.354
與子男～

EPT51.60
王～

0882
懷

1

EPT48.53D
～抱之念

0883
急

52

EPT58.30
貧～不能自給

EPF22.325A
恐～蒽=

EPF22.492
取～歸

0884
愚

10

EPT52.69
察～戇

EPT48.3
良對檄鳴候～

EPT59.249
勿令～民爲巧詐

0885
忽

24

EPT48.38
毋～如

EPF22.506
今毋～

EPF22.291
毋～

0886
怒

10

EPF22.26
欲持器物～

EPF22.728
寃忿～仇

EPT59.75A
毋有愛～

0887 悔

2

EPT52.165
不～過

0888 懣

5

EPT59.49A
煩～

EPT51.201A
頭痛煩～

0889 恙

44

EPT44.13A
無～

EPS4T2.114B
善毋～

EPT48.24A
無～

0890 患

3

EPF22.721
～害不足悽

0891 恐

15

EPF22.325A
～蕙=

EPT65.480
～未盡詣

EPF22.199
～負時

0892 惕

3

EPT65.391
得放散□～

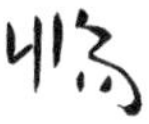
EPT50.22
民間敖～

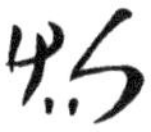
ESC.55
鄣卒史～

0893 忍

14

EPF22.581
未～

EPT44.8B
～下愚吏士

EPT52.165
不～行重罰

0894
㥄

1

EPF22.721
不足～

0895
愈

2

EPT49.48A
言不～乾

第十一 水部——非部

水部

0896 水 54

EPF22.43 秦胡盧~士民

EPF22.43 秦胡盧~士民者

EPF22.42 屬國秦胡盧~士民

EPF22.325A 天~

EPF22.171 失亡符~中

0897 河 90

EPF22.825A ~西大將軍

EPF22.698B 門亭毋~留

EPF22.70 ~西五郡

EPF22.171 ~水盛

0898 江 6

EPT56.100A 候長~卿

EPT56.73A 居延丞~

0899 温 1

EPT50.7B ~申

0900
漢

37

EPT44.13B 廣～

EPT50.38 ～

EPT56.259 甲渠鄣候～彊

0901
汝

8

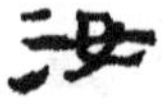
EPF22.26 ～負我錢八萬

EPT49.30B ～者

EPT49.64A ～言欲行

0902
深

18

EPT58.37 ～四尺

EPT68.21 ～至骨

EPF22.645 恩澤誠～

0903
頴

5

EPF22.21 ～川昆陽市

EPF22.3 ～川昆陽市

0904
泄

3

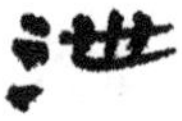
EPF22.280 病～注不偸

EPT8.31 漏～

0905
治

133

EPF22.650 當省～臨桐

EPF22.153A 謹脩～社稷

EPF22.329 詣～所

EPF22.30 ～決言

EPF22.31 ～決言

EPF22.616 □～□□

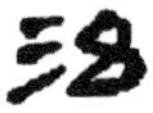
EPF22.360 使者～所

EPF22.161 令脩～社稷

EPF22.291 伐慈萁～簿更著

0906 沽 5
- EPF22.29 ~出時行錢
- EPF22.23 ~出時行錢
- EPF22.7 ~出時行錢

0907 沛 1
- EPT58.3 施刑屯士~郡

0908 海 9
- EPF22.69 南~七郡
- EPT51.101 塱~亭卒張少實
- EPT52.42B 次~亭部敢言之

0909 衍 6
- EPT52.240 南陽郡杜~安里
- EPT59.364A 南陽郡杜~

0910 況 22
- EPF22.60 大夫孫~
- EPF22.447B 張~
- EPF22.68 書佐~
- EPF22.339 隊長~叩頭
- EPF22.209 隧長徐~

0911 氾 5
- EPT65.454 ~譚
- EPT48.14A 欲~叩"頭"

0912 淵 12
- EPT53.78 傷一~
- EPS4T1.7 故傷一~
- EPS4T1.7 故小傷一~

0913
滿

26

EPF22. 80
匈脅丈～

EPF22. 2
～三日

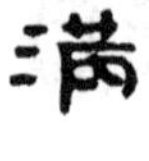
EPF22. 21
～三日

0914
沙

35

EPF22. 196
新～置吏

EPT59. 1
士伍居延鳴～里

EPT59. 73
～中多草土

0915
溝

96

EPT59. 252A
甲～鄣守候

EPT43. 1
甲～候官新始

EPF22. 334A
甲～守候

0916
渠

765

EPF22. 163
甲～鄣候

EPF22. 29
甲～候

EPF22. 51A
甲～鄣守候

EPF22. 151AB
居延甲～鄣候

EPF22. 158
甲～候長

EPF22. 459
甲～卅井

EPF22. 151AB
甲～鄣候

EPF22. 644
居延甲～

EPF22. 462A
甲～卅井

EPF22. 512
甲～鄣守候

EPF22. 476
甲～鄣候

EPF22. 48A
甲～塞尉

EPF22. 187A
甲～鄣候

EPF22. 430A
甲～鄣守候

EPF22. 38A
甲～鄣守候

EPF22.45A 甲～塞尉
EPF22.50A 甲～塞尉
EPF22.59 甲～候官

EPF22.34 甲～候官
EPF22.60 甲～候官
EPF22.851 義～防等

EPF22.395 甲～武彊隧
EPF22.460A 甲～鄣候
EPF22.250A 甲～守候

EPF22.695 甲～言
EPF22.53A 甲～鄣候
EPF22.44 甲～言

EPF22.56B 甲～
EPF22.254A 甲～守候

0917
決
15

EPF22.27 市穀～石四千
EPF22.30 治～言
EPF22.28 ～不當予粟

EPF22.20 已～
EPF22.16 市穀～石四千

0918
注
1

EPF22.280 病泄～不愈

0919	0920	0921	0922	0923	0924	0925	0926
渡	没	沈	湯	涼	沐	洗	淳

17	2	2	13	2	6	1	15
					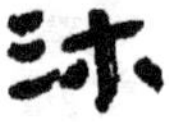		
EPF22.171 浴～	EPF22.45A ～入	EPT49.6A 候長詡～融	EPF22.340 ～自言病	EPF22.825A ～州牧	EPT27.1 隧長～得	EPT49.48A 不知～沐	EPT51.346 候史～于光

EPT52.44 ～河			EPT52.170 ～叩頭		EPT59.46 卒～惲作席		EPS4T2.84A 候長～于卿
			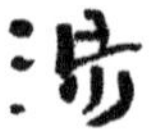				
EPT68.49 ～河			EPF22.340 ～蓋癸酉		EPT49.48A 買後不知洗～		EPF22.709 ～于爲自言

0927 染 1

- EPT48. 72A 可以～

0928 汗 8

- EPT53. 40 鞮～里
- EPT59. 49A 傷～
- EPT59. 2 嚴病傷～（寒）

0929 瀫 1

- EPF22. 64A ～作士

0930 滅 9

- EPF22. 712 ～火
- EPT65. 331 當以時殄～
- EPT49. 3 即～亡

0931 漕 1

- EPT49. 53A 就人昌里～陽

沝部

0932 沝 1

- 沝 EPT 59. 374 尊陷～

川部

0933
川
7

EPF22.21 潁～

EPF22.3 潁～

EPT56.11 肥～

0934
州
10

EPF22.69 益～

EPF22.67 ～牧各下所部

EPT59.556 咎在～牧

泉部

0935
泉
55

EPF22.825A 張掖酒～

EPF22.325B 何尉在酒～

EPT52.105 酒～

EPT52.38A 酒～大守府

EPT40.5 出～三千二百五十

EPT2.19 入償～五萬九千九

灥部

0936 重
原
4

EPT68.24 上造～憲

EPT68.18 第四守候長～憲

永部

0937

永

88

EPF22.190 ～持放馬

EPF22.193 ～止

EPF22.196 ～求

EPF22.194 馮匡呼～曰

EPF22.194 ～即還與放馬

EPF22.190 ～騎放馬

EPF22.189 焦～行檄還

EPF22.186 ～不當負駒

EPF22.189 放騎～所用驛

EPF22.192 憲令隊長焦～行

EPF22.200 不以死駒付～=

EPF22.186 ～以縣官事

EPF22.199 ～以縣官事

EPF22.586 趙～代騎士王敞

0938

羕

1

EPT8.1B 令史～

谷部

0939 谷

7

EPF22.325A 屯諸山～

EPT52.215 詣靡～守候

EPT61.4 三十井～口候長

仌部

0940 冬

5

EPT49.48A ～不作襪

EPT59.60 至～寒

雨部

0941 雨

3

EPF22.372 天～恐有戎兵

EPF22.193 天～永止

0942 露

34

EPT53.64 甘～二年

EPT53.186 甘～三年

EPT53.189 甘～二年六月

雲部

0943 雲

雲 8

- EPT40.205 ~氣相遂
- EPT52.487 石隊=卒張~陽
- EPT68.108 侯~

0944 重 云

云 8

- EPT2.5A ~何充可不頃賜
- EPT52.13 ~稟吏卒校未已
- EPT49.89A 公當~何乎

魚部

0945 魚

魚 31

- EPF22.29 載~五千頭
- EPF22.23 載~就直
- EPF22.22 載~
- EPF22.26 捕~
- EPF22.23 賣~
- EPF22.24 賣~盡
- EPF22.23 載~五千頭
- EPF22.10 賣~盡
- EPF22.7 賣~
- EPF22.6 載~五千頭
- EPF22.4 載~
- EPF22.6 載~就直

0946 鮮

鮮 11

- EPF22.159 ~絜
- EPF22.159 令~明
- EPF22.153A 令~明

EPF22.154
~絜

EPF22.161
~絜

EPF22.161
令~明

0947
鮑
4

EPT51.70
~小叔

EPT65.323
~永

龍部

0948
龍
10

EPT52.86
黃~元年六月

EPT51.45
~卿治所

非部

0949
非
44

EPF22.30
疑~實

EPF22.24
~從粟君借牛

EPF22.289
~乘亭候望

EPF22.727
□~是賢

EPF22.9
~從

EPF22.414
~虜

第十二 乙部——系部

乙部

0950

孔

12

EPT51.84 聊成～里

EPT65.25B ～季英

EPT65.25A ～季英

不部

0951

不

741

EPF22.288 先以證～言請

EPF22.281 數召～詣官

EPF22.275 隊長成多～在署

EPF22.243 祿食盡得～

EPF22.240 ～

EPF22.30 ～與

EPF22.21 ～以實

EPF22.63A 吏～得容姦

EPF22.63A 民～贅聚

EPF22.137 ～過界中

EPF22.4 ～能行

EPF22.62A ～復與循會

EPF22. 221
皆～當行

EPF22. 287
死～足報

EPF22. 304
～可許

EPF22. 691
～應法令

EPF22. 463A
～可卒得

EPF22. 887
宏～肯言

EPF22. 26
～得賈直

EPF22. 27
～計賈直

EPF22. 28
～當

EPF22. 21
而～更言請者

EPF22. 26
～敢

EPF22. 22
～能行

EPF22. 30
～相當廿石

EPF22. 28
～相當穀廿石

EPF22. 30
～肯

EPF22. 80
～耐食

EPF22. 32
恩～肯受

EPF22. 232
～欲爲官者

EPF22. 2
～更言請者

EPF22. 144
～以時行

EPF22. 154
～以爲意者

EPF22. 414
舉火～應

EPF22. 150
～中程

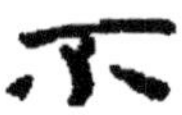
EPF22. 429
～能多持穀

EPF22.291 毋令到～辦

EPF22.243 假貸～賞

EPF22.463B 亟～事=在掾

EPF22.197 ～能得

EPF22.186 永～當負駒

至部

0952

至

130

EPF22.69 ～旁近郡

EPF22.272 ～今爲吏

EPF22.45A ～宗室及列侯子

EPF22.358 ～更始三年

EPF22.193 起居檄～庶虜

0953

到

332

EPF22.67 書=～言

EPF22.27 來～居延

EPF22.24 恩～驩得

EPF22.23 ～驩得

EPF22.25 ～第三置

EPF22.30 書～驗問

EPF22.25 俱來～居延

EPF22.29 ～驩得

EPF22.68 書=～言

EPF22. 693
寫移書～

EPF22. 153A
書～

EPF22. 325A
竇昭公～高平

EPF22. 452
書〃～言

EPF22. 367
～遣問隆少

EPF22. 65A
書〃～言

EPF22. 221
書～

EPF22. 247A
書～

EPF22. 586
乙巳～官

EPF22. 251
書～

EPF22. 159
檄～

EPF22. 170
餔時～官

EPF22. 139
時～府

EPF22. 146
食時～府

EPF22. 129
記～

EPF22. 552
甲戌～官

EPF22. 535
十三日乙巳～

EPF22. 290
～課言

EPF22. 291
毋令～不辨

EPF22. 198
取駒去～

EPF22. 189
～居延收降亭

EPF22. 193
還～居延收降亭

EPF22. 191
記～

EPF22. 272
未～隧一里半

EPF22.134 入～府

EPF22.271 ～第二隊

EPF22.487 迫計四時～

EPF22.369 即日～官

EPF22.289 記～

EPF22.284 檄～

EPF22.857 檄～

西部

0954

西

58

EPF22.70 河～五郡

EPT51.374 隴～略陽女子

EPT56.215 起河～行

鹽部

0955

鹽

12

EPT50.29 餘～五千四百一石

EPT7.13 六月～出入簿

EPT51.323 適～卌石輸官

戶部

0956 戶（28）

- EPT26.16 户上縣～毋
- EPT43.2 彭誠關亭～
- EPF22.331 縣塢～內

0957 扇（1）

- EPT6.90 碓磑～隤舂簸揚

0958 房（28）

- EPT51.21A ～肩水令里
- EPT52.2 塱虜隊長～良
- EPF22.142 隊長～岑

門部

0959 門（82）

- EPF22.169 ～下督盜賊
- EPT40.2 甲渠君～下
- EPF22.166 ～下督盜賊

0960 閣（31）

- EPT65.56 受～卒市買衣物
- EPF22.263 卒～三十一人
- EPF22.293 官～匡

0961 閒（40）

- EPF22.208 妻君～取
- EPF22.233 ～候
- EPF22.225 匈奴～候

0962 關

（篆）51

- EPF22.70 塞尉職～
- EPF22.736 □□～
- EPF22.79 右職～
- EPF22.151AB 郭長入～檄
- EPF22.151AB 卌井～
- EPF22.324 丁宮入～檄
- EPF22.127 卌井～
- EPF22.133 卌井～
- EPF22.138 入～檄
- EPF22.134 入～檄
- EPF22.45A ～內侯
- EPF22.136 卌井～
- EPF22.125 卌井～
- EPF22.125 入～檄
- EPF22.490 ～破

0963 閱

（篆）8

- EPF22.61 校～兵物
- EPT7.9 訾直伐～簿
- EPT17.3 伐～訾直累重官簿

耳部

0964 耳

（篆）26

- EPF22.24 賈直俱等～
- EPT48.34B 容乃白二仁～
- EPT48.53D 不意仁～

0965
聖

7

EPT56.72A
尹～卿二匹

EPT44.7
～耳

EPF22.64A
～恩

0966
聽

19

EPF22.56A
～書從事

EPF22.247A
～書牒署

EPF22.251
～書從事

0967
職

51

EPF22.70
塞尉～閒

EPF22.169
甲渠候～

EPF22.131
領～

EPF22.286
奉～數毋狀

0968
聞

30

EPF22.397
～見

EPT44.4A
得～南方邑中起居

EPT49.9
～當若使育不怒也

EPT48.139
夜～馬足**聲**

EPF22.325A
～羌胡

EPF22.64A
稽首以～

EPT59.536
臣昧死以～

手部

0969 手 （7）
- EPS4T2. 114A　～至門伏前問
- EPT65. 458　賜～記
- EPT51. 324　～中創二所

0970 指 （1）
- EPT17. 28　～

0971 重 拜 （109）
- EPT40. 8　吳陽書再～奏
- EPF22. 243　天子勞吏士～
- ESC. 76　主簿敞再～言

0972 推 （32）
- EPF22. 140　謹～辟
- EPF22. 129　各～辟界中
- EPF22. 274　～辟到
- EPF22. 135　謹～辟
- EPF22. 125　謹～辟如牒

0973 扶 （2）
- EPT52. 413　右～風順

0974 持 （102）
- EPF22. 26　欲～器物
- EPF22. 650　～食詣官
- EPF22. 61　～歸游墼亭
- EPF22. 24　擇可用者～行
- EPF22. 190　永～放馬
- EPF22. 429　多～穀

字頭	說文	字頻	出處	辭例
0975 攝	𢹧	11	EPF22. 194	還與放馬～
			EPF22. 170	不～府符
			EPT52. 32	～食候長成
			EPT4. 77	～食新除佐史二人
			EPT43.65	居～二年正月
			聑 EPT59. 101	居～三年
			EPT59. 138	居～二年十月戊辰
0976 挾	𢪏	2	EPF22. 39	及～不行錢
0977 掾	𢷲	257	EPF22. 153B	～陽
			EPF22. 35	～黨
			EPF22. 65A	兼～義
			EPF22. 71A	～陽
			EPF22. 68	～陽
			EPF22. 153A	告勸農～
			EPF22. 247B	～譚
			EPF22. 452	～
			EPF22. 462B	～陽
			EPF22. 283	督薰～
			EPF22. 250B	～譚
			EPF22. 51B	～譚

EPF22.254B　~譚

EPF22.430B　~譚

EPF22.630　張~

EPF22.334B　~譚

0978 擇 8

EPF22.153A　~吉日如牒

EPF22.24　~可用者持行

0979 捉 1

EPT40.11B　~萬歲士吏馮晏奉

0980 承 61

EPF22.452　~書從事

EPF22.65A　~書從事

EPF22.307　糸~弦卅一

EPF22.306　糸~弦百一十六

EPF22.305　糸~弦十四

EPF22.68　~書從事

0981 揚 5

EPT6.90　碓磑扇隤舂簸~

EPT4.16　~穀

0982 舉 86

EPF22.168　必~白

EPF22.414　以爲虜~火

EPF22.478　~堠上一苣火

0987 捕	0986 擊	0985 拔	0984 失	0983 擅
53	15	4	40	7

（續前字）

EPF22.414 ~火不[應]

EPT68.91 不以時燔~

EPT14.4 與尉所~相應

EPS4T2.26 ~

ESC.53 不以時發~

擅

EPF22.200 ~自假借

EPS4T2.101 以~移獄論

失

EPF22.318 吏格鬬~亡

EPF22.319 吏格鬬~亡

EPF22.776A ~不知

拔

EPT65.414 ~劍

EPT40.202 起~之

擊

EPF22.246 暴毆~

EPT68.25 劍~傷譚匈一所

捕

EPF22.26 爲粟君~魚

EPF22.221 ~羌虜

EPF22.231 ~匈奴虜

EPF22.691 ~斬反羌

EPF22.362 逐~未得

EPF22.227 ~得之

EPF22.447A ～虜斬首

0988 換

8

EPT52.7 ～爲居延臨道亭長

EPT52.18 其官～如牒

EPT51.63 ～爲殄北宿蘇

0989 掖

71

EPF22.153A 張～居延城

EPF22.71A 張～居延

EPF22.70 張～居延

EPF22.70 張～屬國

EPF22.68 張～居延城

EPF22.65A 張～大尹遵

EPT59.160 張～庫宰崇

女部

0990 女

65

EPT65.454 子小～耐

EPF22.188 ～子

EPT51.374 隴西略陽～子

0991 姓

37

EPF22.21 ～寇氏

EPF22.355 ～孫氏

EPF22.353 ～陳氏

EPF22.38A
百~患苦之

0992 嫁

8

EPF22.690
~聚過令者

EPF22.44
~聚過令者

EPF22.45A
~聚

0993 妻

68

EPF22.24
付粟君~業

EPF22.10
付粟君~業

EPF22.691
及其~子

EPF22.206
~君寧取

0994 母

35

EPF22.205
婦~佳君取

EPF22.330
父~皆死

EPF22.212
~君程取

0995 威

31

EPT40.148
居延昌里徐~

ESC.78A
因道候長省卒范~

EPF22.304
東部五~率言

0996 婢

11

EPF22.45A
所齎奴~

EPF22.221
官奴~以西州

EPT59.571
~任請天數具

0997 奴

59

EPF22.223
從~與購如比

EPF22.231
右捕匈~虜購科賞

EPF22.233
從~它與購如比

EPF22.45A
没入所齎～婢

EPF22.221
官～婢以西州

0998

始

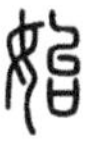
241

EPF22.468A
新～建國

EPF22.468B
新～建國

EPF22.330
更～三年五月中

EPF22.334A
新～建國

0999

如

290

EPF22.35
～律令

EPF22.62A
證知者～牒

EPF22.153A
今擇吉日～牒

EPF22.691
～律令

EPF22.462A
～律令

EPF22.446
～前

EPF22.28
它～爰書

EPF22.67
～詔書

EPF22.125
謹推辟～牒

EPF22.82
病書～牒

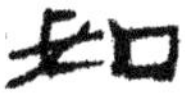
EPF22.160
～府書律令

EPF22.131
～牒

EPF22.223
從奴與購～比

EPF22.255
～律令

EPF22.734
月～何

EPF22. 427　～牒

EPF22. 232　與購～比

EPF22. 426　～牒

EPF22. 528　～牒

EPF22. 502　～律令

EPF22. 45A　娉聚各～令

EPF22. 161　方考行～

EPF22. 506　～律令

EPF22. 65A　～詔書

EPF22. 68　～詔書

EPF22. 325A　馬～故

EPF22. 689　它～爰書

EPF22. 247A　～律令

EPF22. 251　～律令

EPF22. 38A　薄小不～法度

EPF22. 452　～詔書

1000

娉

1

EPF22. 45A　～聚各如令

1001

姦

6

EPF22. 63A　吏不得容～（奸）

EPF22. 38A　～黠吏民

EPF22. 64A　無令有～

1002

毋

528

毋部

EPF22.305
~出入

EPF22.418
三月~見賦錢

EPF22.443
~定出

EPF22.690
~嫁聚過令者

EPF22.487
官~稍入

EPF22.291
~忽

EPF22.165
~應書

EPF22.53A
吏民~得伐樹木

EPF22.44
部吏~嫁聚過令者

EPF22.43
部吏~作

EPF22.39
部吏~犯者

EPF22.40
部吏~鑄作錢者

EPF22.53A
部吏~伐樹木

EPF22.39
~得鑄作錢

EPF22.291
~令到不辦

EPF22.68
~出月廿八日

EPF22.291
皆~所見

EPF22.50A
吏民~犯四時禁

EPF22.201
獲教敕要領放~狀

EPF22.308
~出入

EPF22.443
~輸出

EPF22. 691 ~有所遺脱

EPF22. 306 ~出入

EPF22. 285 或~薫

EPF22. 391 三月~軍侯驛書

民部

1003

民

78

EPF22. 233 ~與購錢五萬

EPF22. 221 劉玄及王便等爲~

EPF22. 233 殺略人~

EPF22. 63A ~不贅聚

EPF22. 29 客~寇恩

EPF22. 53A 吏~

EPF22. 225 ~與購錢十

EPF22. 325A 吏~未安

EPF22. 43 秦胡盧水士~

EPF22. 43 秦胡盧水士~者

EPF22. 43 明告吏~

EPF22. 39 吏~

EPF22. 42 秦胡盧水士~

乀部

1004

也

40

EPT40. 205 人劍～

EPT40. 203 利善劍～

EPT40. 202 故器～

EPT40. 203 利劍～

EPT59. 67 是大事～

EPT44. 51 ～戍候長良當

EPT48. 53B 何應～

氏部

1005

氏

36

EPF22. 21 姓寇～

EPF22. 355 姓孫～

EPF22. 353 姓陳～

戈部

1006

戟

32

戎 EPT 59. 49A 吞遠士吏～

EPT51. 224B ～〻叩頭

EPT4. 20 ～等曰可

EPT52. 490
勸農掾～

EPT 48. 25
甲溝候長～

1007
賊

30

EPF22. 361
備盜～爲職

EPF22. 284
督盜～

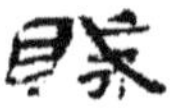
EPF22. 169
督盜～

1008
或

10

EPT43. 72
～文錫銅口

EPF22. 285
～毋藥

EPF22. 285
～幣絕

1009
武

230

EPF22. 153A
司馬～

EPF22. 187A
建～三年

EPF22. 391
建～八年

EPF22. 651
建～桼年桼月

EPF22. 664
建～四年

EPF22. 353
建～三年

EPF22. 163
建～五年

EPF22. 126A
建～四年

EPF22. 68
司馬～

EPF22. 135
候長上官～

EPF22. 65A
尹騎司馬～

EPF22. 51A
建～六年

EPF22. 36
建～三年

EPF22. 45A
建～四年

EPF22. 56A
建～五年

EPF22.250A 建～五年

EPF22.140 候長上官～

EPF22.130 候長上官～

EPF22.80 建～三年

EPF22.70 建～三年

EPF22.29 建～三年

EPF22.61 建～三年

EPF22.318 建～六年

EPF22.38A 建～六年

EPF22.254A 建～五年

EPF22.42 建～六年

我部

1010

我

4

EPF22.26 汝負～錢八萬

EPT51.2 使～來召

1011

義

19

EPT51.416A 從史～叩頭

EPT40.208 侯～書叩頭奏

EPF22.65A 兼掾～

珡部

1012

琴

1

EPF22.725
空侯～

乚部

1013

直

318

EPF22.30
以所得就～牛

EPF22.27
平牛～六十石

EPF22.27
不計賈～

EPF22.25
大笥一合～千

EPF22.156
～成

EPF22.31
～錢萬五千六百

EPF22.25
～穀一石

EPF22.23
以當載魚就～

EPF22.24
～萬錢

EPF22.22
平賈～六十石

EPF22.25
～六百

EPF22.26
不得賈～

EPF22.63A
半歲之～

EPF22.8
顧就～

EPF22.11
～萬錢

EPF22.12
～千

EPF22.6
以當載魚就～

EPF22.5
八歲平賈～六十石

EPF22.11
～三千

EPF22.7
賈～牛一頭

EPF22.13
～穀一石

EPF22.13
～六千

EPF22.17
～轢得錢

亾部

1014

亾

57

EPF22.271
隧長侯雲以何時～

EPF22.463A
失～衣物

EPF22.318
吏格鬬失～

EPF22.319
吏格鬬失～

EPF22.322
多流～在郡縣

EPF22.171
失～符水中

1015

無

39

EPF22.51A
有～

EPF22.50A
有～

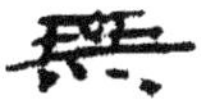
EPF22.43
有～

EPF22.48A
有～

匚部

1016 區

5

EPT20.8 譚踵知罪～處

EPT53.40 宅一～

1017 匿

3

EPT52.649 盡併～吏

EPF22.43 ～之

1018 匽

2

EPT5.88 ～檢部一

1019 匹

89

EPF22.261 五～

EPF22.263 帛百三十六～

EPF22.195 驛馬一～

EPF22.293 帛一～二丈

匸部

1020 重 篋

8

EPT20.14 持計～財用助譚

EPT52.421 官共買～一

EPF22.347 買～枲作

1021

匡

37

EPF22. 151A 卌井關守丞～

EPF22. 136 守丞～

EPF22. 345 謹斥免～

EPF22. 253 第十士吏馮～

EPF22. 82 守候長～

EPF22. 138 守丞～

EPF22. 133 守丞～

EPF22. 127 守丞～

EPF22. 293 官閣～帛

EPF22. 194 士吏馮～

EPF22. 448A 隊長王～

曲部

1022

曲

57

EPT48. 113 當～

EPF22. 593 當～隊長晉欽

EPT48. 6 南界盡當～

瓦部

1023

甑

2

EPF22. 602 炊～一

弓部

1024 弓

5

EPT59.140 劍～

EPT49.89A ～已幾萬□

1025 張

313

EPF22.65A ～掖大尹遵

EPF22.68 ～掖居延城

EPF22.71A ～掖居延

EPF22.283 故候～獲

EPF22.686 令史～業

EPF22.70 ～掖居延都尉

EPF22.153A ～掖居延城

EPF22.140 隊長～勳

张 EPT3.9B 釜當與～卿

EPT4.44 卒～並取

EPF22.561 隧長～詡

EPF22.630 受～掾稟

EPF22.657 尉史～詡

1026 彊

69

EPT49.28 受武～驛卒馮斗

EPF22.41 豪～者名

EPF22.593 士吏孫～

1027

弩

143

EPF22.289 趣備～

EPF22.316 五石具～三

EPF22.305 三石～

EPF22.309 ～幡廿五

EPF22.417 三石具～一

EPF22.463A ～中官用者

1028

發

86

EPF22.38A 盜～冢

EPF22.8 當～

EPF22.325B ～遣之居延

EPF22.56B 此書已～

EPF22.325A 張掖～兵

弦部

1029

弦

45

EPF22.521 各備一～

EPF22.307 系承～廿一

EPF22.521 校省～雜臬

EPF22.521 各備一～

EPF22.521 校省～雜臬

EPF22.306 承～百一十六

EPF22.305 承～十四

EPT4.23 承～

系部

1030

孫

100

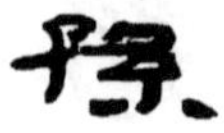

EPF22. 60
代～良

EPF22. 60
孤山里大夫～況

EPF22. 355
姓～氏

EPF22. 461
第八隊長～知

EPF22. 59
斗食令史～良

第十三 糸部——力部

糸部

1031 糸
26
EPF22.305 ~承弦十四
EPF22.306 ~承弦
EPF22.183 ~弦三十三
EPF22.181 ~弦三十六
EPF22.307 ~承弦

1032 紀
14
EPT51.103 ~萬年
EPT51.410B ~音印
EPT52.385A ~音印

1033 納
3
EPT59.62 制詔~言
EPT65.175 ~言

1034 絶
20
EPT40.203 三分所而~
EPF16.51 至今~留
EPF22.285 索幣~

1035 縱
4
EPT51.118 不遣~
EPT40.204 ~有

1036 細 5

EPT52.15 取販賣～民

EPT52.15 賣予～民

1037 級 11

EPT59.277 ～

EPT65.358 吴～

EPF22.448A 爵各一～

1038 約 30

EPF22.154 ～省爲故

EPF22.159 ～省爲

EPF22.161 ～省爲故

EPF22.246 愛利省～

EPF22.7 ～爲粟君賣魚

1039 給 68

EPF22.56A ～事補者

EPF22.77 右以祖脱穀～

EPF22.522 自～費直

1040 終 14

EPT59.353 ～古隧長高嚴

EPT40.6A ～古隊卒

EPT51.409 付～古隊長昌

1041 纏 1

EPT 49.39 絳緹～紬絲

1042 絳 13

EPT59.2 即日嚴持～單衣

EPT49.39 ～緹纏紬絲

編號	字頭	篆文	數	例一	例二	例三
1043	繻		8	 ESC.11A ～綺	 EPT65.330A 莊～（襦）	
1044	繕		12	 EPT53.35 以～十六兩	 EPT52.396 豫～治倉臾	 EPT57.15 ～治城郭塢辟
1045	纍		26	 累 EPT65.39 罪～	 ESC.38 ～虜候長	 EPT68.93 居延～山里
1046	繩		13	 EPT20.29 書～十丈	 EPT52.117 一人～	 EPT59.257 行持～來
1047	編		71	 EPF22.453 出入簿一～	 EPF22.323 一～	 EPT68.2 謹移劾狀一～
1048	絮		26	 EPT4.5 因署受～八斤	 EPT51.66 ～巾一枚	 EPT6.81 ～二斤十二兩
1049	絜		4	 EPF22.154 鮮～	 EPF22.161 鮮～	
1050	繆		6	 EPT20.6 候～訢客男子	 EPT65.23A 毋令～	 EPF22.462A 毋令～

1051 綏

13

EPT9.5A ～和元年十月

EPT50. 198A ～和元年

EPT48. 84 ～和二年

素部

1052 素

9

EPF22. 199 駒～罷勞

EPT52.187 白～帶二枚

EPT59.163 縑～上賈一匹

率部

1053 率

34

EPF22. 224 匈奴將～

EPF22. 304 東部五威～言

EPT59.655A 亭連～府行事

虫部

1054 雖

6

EPF22. 24 ～小

EPF22. 38A ～知莫譴苛

EPF22. 9 ～小

1055 强

19

EPT57. 49 ～候之府

ESC. 7A ～盗

䖵部

1056 重 蚤

20

EPF22.501
~（早）食

EPT52.396
秋當~（早）糴

EPT59.173
~（早）食

1057 蝨

40

⿱宀虫 EPF22.178
~矢

EPF22.183
今~矢

EPF22.179
~矢

風部

1058 風

6

EPT50.1A
勉力~（諷）誦

EPT44.8B
~寒

它部

1059 它

87

EPF22.689
~如爰書

EPF22.362
~案驗未竟

EPF22.28
~如爰書

EPF22.233
從奴~與購如比

EPF22.20
~如爰書

EPF22.697A
坐前毋~

1060 重

蛇

2

EPT40.207
~文

EPT40.206
~文

二部

1061

二

1768

EPF22.26
~月

EPF22.23
後~三日

EPF22.233
增秩~等

EPF22.26
~斗

EPF22.311
銅鍭~千四百廿二

EPF22.34
十~月己卯

EPF22.223
增秩~等

EPF22.258
第~隧長史臨

EPF22.80
~月壬午

EPF22.36
三年十~月

EPF22.704
三石~斗二升

EPF22.187A
十~月

EPF22.88
~月食三石

EPF22.311
銅鍭二千四百廿~

EPF22.150
時~分

EPF22.704
三石二斗~升

EPF22.29
去年十~月中

EPF22.457A
直十~石一斗

EPF22.205
十～月庚申

EPF22.225
增秩～等

EPF22.298
第十～卅井

EPF22.177
少三百桼十～

EPF22.213
十～月己巳

EPF22.12
鞬索～枚

EPF22.357
第～十九隧長

EPF22.461
第～隧長

EPF22.293
一匹～丈

EPF22.179
寅矢～千五百五十

EPF22.177
千三百～

EPF22.21
三年十～月

EPF22.277
建世～年

EPF22.29
建武三年十～月

1062 亟

20

EPF22.35
～報

EPF22.463B
～不事〓在掾

EPT5.25
令史～遣吏送詣里所

1063 凡

178

EPF22.22
～爲穀百石

EPF22.25
～爲穀三石

EPF22.185
最～

EPF22.13
～并

EPF22.17
～爲錢八萬

EPF22.6
～爲穀百石

EPF22. 263
最～卒閣三十一人

土部

1064 土

12

EPT51. 390
連竟同～

EPT 58. 37
秩程～并出

EPT52. 46A
糞～臣

1065 地

162

EPF22. 413A
～皇上戊元年

EPF22. 334A
～皇上戊三年

EPF22. 355
居延廣～里

EPF22. 468A
～皇上戊二年

EPF22. 483
～皇上戊三年

EPF22. 468B
～皇上戊二年

EPF22. 697A
□黨伏～言

1066 埒

2

EPT6. 91A
畦～畜彊畔

1067 堂

13

EPF22. 97
止～隊長

EPT56. 150
貝丘～安里

EPT65. 48
～内中

1068 在

扗

136

EPF22.854 咎皆～部候長

EPF22.582 日時～檢

EPF22.521 置～故候長王恭所

EPF22.25 直千皆～業車上

EPF22.31 ～粟君所

EPF22.14 皆～粟君所

EPF22.275 不～署

EPF22.25 皆～業所

EPF22.290 日時～檢中

EPF22.549 凶自～

EPT40.205 文而～堅中者

EPF22.463B 亟不事〃～掾

EPT65.316 言長仲去處～守府

1069 㘸

㘸

93

EPF22.151AB 定吏主當～者名

EPF22.548 當～

EPF22.129 定吏主當～者名

EPF22.375 毋狀當～

EPF22.141 乙未食～五分

坐 EPF22.415 當～

EPF22.201 當并～

EPF22.200 ～藏爲盜

1070 封

小篆 175

- EPF22.133 檄一～
- EPF22.153A 倉長印～
- EPF22.68 以居延倉長印～

1071 城

小篆 129

- EPF22.82 ～北守候長
- EPF22.80 ～北隧長
- EPF22.153A 張掖居延～
- EPF22.438 ～北守候長
- EPF22.352 甲渠～北隧長
- EPF22.68 張掖居延～
- EPF22.78 居延～司馬
- EPF22.462A 謂～倉
- EPF22.143 ～北助隧長

1072 增

小篆 13

- EPF22.224 ～秩二等
- EPF22.233 ～秩二等
- EPF22.223 ～秩二等

1073 塞

小篆 222

- EPF22.45A 甲渠～尉
- EPF22.48A 甲渠～尉
- EPF22.54A 甲渠～尉
- EPF22.50A 甲渠～尉
- EPF22.318 犯～入
- EPF22.284 行～
- EPF22.242 行～
- EPF22.319 犯～入
- EPF22.188 守～尉

1074 壞

18

EPT26.14 所～

EPF16.43 又攻～燔燒

EPF22.269 南面～

1075 圭

1

EPT40.206 帶羽～中文者

1076 塗

25

EPS4T2.25 服～

EPT48.8 不～治

EPT56.107 堠塢不～

1077 堠

41

EPF22.505 三～卒

EPF22.478 ～上一苣火

EPT56.107 ～塢不塗

1078 塢

26

EPF22.269 ～南面壞

EPT56.107 堠～不塗

EPT59.6 堠～不塗堊

1079 壂

1

EPT6.9 卧内中韋席承～

堇部

1080 堇

1

薫 EPF22.60 ～事

里部

1081

里

450

EPF22.355 居延廣地～

EPF22.21 昆陽市南～

EPF22.58 故吏陽～上造梁普

EPF22.60 孤山～大夫

EPF22.330 居延臨仁～

EPF22.3 昆陽市南～

EPF22.147 百卅～

1082

野

16

EPF22.206 石～

ESC.24 ～明

EPF22.414 ～馬

田部

1083

田

176

EPF22.43 畜牧～作不遣

EPF22.79 從史令～

EPF22.125 都～嗇夫

EPF22.133 都～嗇夫

EPF22.127 都～嗇夫丁

EPF22.61 俱休～

EPF22. 70 從史～吏

1084 畛 77

界 EPF22. 137 不過～中

EPF22. 131 不過～中

EPF22. 129 各推辟～中

EPF22. 130 ～中

EPF22. 148 ～中

EPF22. 151AB 推辟～中

1085 略 12

EPF22. 584 爲所～（掠）得

EPT68. 88 ～（掠）得丹及所騎

EPF22. 233 寇盜殺～人民

1086 當 359

EPF22. 23 ～發

EPF22. 23 以～載魚就直

EPF22. 22 ～爲候粟君載魚

EPF22. 28 不～予粟君牛

EPF22. 30 不相～廿石

EPF22. 31 不～與粟君牛

EPF22. 65A 下～用者

EPF22. 221 皆不～行

EPF22. 28 不相～穀廿石

EPF22. 63A ～出半歲之直

EPF22. 153A 丞以下～

EPF22. 68 下～用者

EPF22. 164 不～得赦者

EPF22. 27 ～所負粟君錢畢

EPF22. 159 ～侍祠者

EPF22. 289 候～負

EPF22. 6 以～載魚就直

EPF22. 20 不相～

EPF22. 8 ～發

EPF22. 161 ～侍祠者

EPF22. 4 ～爲候粟君載魚

EPF22. 276 ～乘隧

EPF22. 415 ～坐

EPF22. 415 罪～死

EPF22. 200 不～負駒

EPF22. 201 ～并坐

EPF22. 186 不～負駒

1087

畱

89

EPF22. 125 ～遲

EPF22. 134 ～遲

EPF22. 139 ～遲

EPF22. 144 習～

EPF22. 586 永～

1088

畜

18

EPF22. 461 買官～吏名

EPF22. 43 士民～牧田

EPT5. 21 小～直月六斗

黃部

1089

黃

黃（篆）

85

EPF22.23 商牛~

EPF22.22 ~特

EPF22.23 ~牛

EPF22.7 商牛~

EPF22.8 ~牛

EPF22.9 留~牛

男部

1090

男

男（篆）

96

EPF22.26 大~

EPF22.354 與子~慶

EPF22.151AB ~子郭長

EPF22.330 與~同産兄良異居

EPF22.26 又恩子~欽

EPF22.31 又子~欽

EPF22.138 ~子郭長

EPF22.14 又恩子~欽

EPF22.16 大~

EPF22.648 新占~子劉遷

EPF22.137 ~子王歆

EPF22.656 新占~子丘常□

EPF22. 661
黨子～級所奏記辤

力部

1091 力

25

EPF50. 95
大黃～十五石具弩

EPF22. 503
人～少

EPT50. 1A
勉～風誦

1092 勳

12

EPF22. 142
隊長張～

EPF22. 142
餔時～

EPT17. 2
陳～

1093 功

75

EPF22. 230
諸有～校

EPT14. 20
～會

EPT6. 56
～再通

1094 助

38

EPF22. 105
～吏王敞

EPF22. 143
城北～隊長

EPF22. 272
隧～吏

EPF22. 143
明付吞遠～

EPF22. 331
受～吏時尚

1095 勑

8

EPF22. 242
勞～吏卒記

EPF22. 459
教～吏卒

EPF22. 201
獲教～要領

EPF22.131 教～吏毋狀

1096 務

18

EPF22.246 ～以

EPT59.61 ～順時氣

EPF22.154 ～以謹敬

1097 勉

9

EPF19.7 ～力

EPT50.1A ～力風誦

1098 勸

8

EPF22.153A 告～農掾

EPT65.458 曉～農曹掾

EPT48.75 言～農

1099 勝

38

EPT49.6A 忠旦～

EPT52.481 誠北隧長桃～之

EPT52.33 第十七候長～

1100 動

2

EPF22.233 ～靜中國兵

1101 勞

60

EPF22.243 ～吏士拜

EPF22.242 ～勑吏卒記

EPF22.199 駒素罷～

1102 加

18

EPF22.80 病～兩脾雍種

EPF22.63A 又～一等

EPF22.280 乙酉～傷寒

EPF22.246
~恩仁恕

1103

勢

12

EPF22.142
誠~北

EPT51.729
~北

EPT50.107
受誠~北

1104 重

恿

3

EPT59.49A
頭~（痛）

EPT58.28
病頭~

1105

劫

2

EPF22.546
彊~略

1106

劾

63

EPF22.352
有~缺

EPF22.150
謹已~

EPT56.175
昌~輔火誤守乏

1107 新

辦

9

EPT50.1A
計會~（辦）治

EPT53.113
毋令將軍到不~

EPF22.291
不~

金部

1108 錫

3

EPT43. 72
~銅

EPF22. 447A
購賞封~

1109 銅

52

EPF22. 61
槀矢~鍭百

EPF22. 311
槀矢~鍭

EPF22. 319
槀矢~鍭

1110 鐵

23

EPF22. 313
~鍉瞀

EPF22. 312
~鎧

ES（T119）.1
~[illegible]

1111 録

13
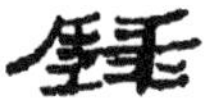
EPF22. 63A
得食卿~

EPF22. 30
府~

EPF22. 360
~曰

1112 鑄

7

EPF22. 39
毋得~作錢

EPF22. 39
縣官~作錢

EPF22. 41
及~錢所依長吏

1113 鋌

1

EPF22. 658
~六月

1114

錢

464

 EPF22.24 直萬～	 EPF22.26 ～八萬	 EPF22.27 負粟君～畢	 EPF22.24 ～卅二萬	 EPF22.233 購～五萬	 EPF22.418 賦～	 EPF22.214 臈～八十	 EPF22.206 臈～八十
 EPF22.24 ～少	 EPF22.27 付業～時	 EPF22.29 ～卌萬	 EPF22.31 ～萬五千六百	 EPF22.225 購～	 EPF22.39 不行～	 EPF22.211 臈～八十	 EPF22.212 臈～
 EPF22.23 ～卌萬	 EPF22.32 粟君～畢	 EPF22.25 ～萬五千六百	 EPF22.232 ～三萬	 EPF22.395 千～以上	 EPF22.39 毋得鑄作～	 EPF22.209 臈～八十	 EPF22.419A 賈～

1115
釱

2

EPS4T2. 25
髡鉗～左止城旦

1116
錐

2

EPT68. 62
～小尺白刀

1117
鏃

47

EPF22. 469B
稾寅矢銅～百

EPF22. 61
稾矢銅～百

EPF22. 319
稾矢銅～

1118
鎧

15

EPT20. 3
鐵～五

EPF22. 312
鐵～五十九

EPF22. 61
～鍉瞀

1119
鐳

8

劉
ESC. 9A
安衆侯國男子～守

ESC. 1A
衆侯～崇謀反

EPF22. 648
男子～遷

1120
鉼
73

EPT17. 5
～

EPF22. 705
～庭

EPT17. 7
～庭部吏卒

1121
鍉
11

EPF22. 313
鐵～瞀

EPF22. 61
～瞀

EPT48. 156
鎧～瞀各一

几部

1122 几

5

EPT6.94
赤頭食~

EPF22.643
刀~一

1123 重 處

26

EPF22.30
令明~

EPT 59.261
貉歲鮮卑~

EPT40.204
推~白黑堅分明者

且部

1124 且

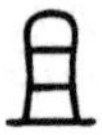

25

EPT68.83
辛巳日~入時

EPT68.95
辛巳日~入時

ESC.61
~毋所得

斤部

1125 斤

68

EPF22.13
賣肉十~

EPF22.202
臈肉~兩人

EPF22.25
買肉十~

1126 斧

10

EPT52.555
杆端有~刃

EPT59.349A
買~各一

EPT59.340B
貫頭~一

1127

所

所

383

所 EPF22.23 以～得商牛黃

所 EPF22.30 以～得就直牛

所 EPF22.67 州牧各下～部

所 EPF22.24 ～將育牛黑

所 EPF22.27 當～負粟君錢畢

所 EPF22.63A ～當出半歲之直

所 EPF22.329 詣治～

所 EPF22.202 卒～受臈肉

所 EPF22.694 詣尉治～

所 EPF22.25 皆在業～

所 EPF22.41 鑄錢～依長吏

所 EPF22.189 放騎永～用驛

所 EPF22.197 索放～放馬

所 EPF22.521 故候長王恭～

所 EPF22.36 候粟君～責寇恩事

所 EPF22.45A 没入～齎奴婢

所 EPF22.364 ～受適吏

所 EPF22.691 毋有～遺脱

所 EPF22.691 ～具官名

所 EPF22.360 使者治～

1128

新

新

69

新 EPF22.468B ～始建國

新 EPF22.357 ～除

新 EPF22.196 ～沙置吏

EPF22.334A
～始建國

斗部

1129
斗
460

EPF22.26
日二～

EPF22.59
～食令史孫良

EPF22.204
直石二～

EPF22.429
屬復得嚴穀四～

EPF22.427
石～如牒

EPF22.429
穀四～屬復

EPF22.704
三石二～二升

EPF22.633
黍米一～黍米

EPF22.17
八～五升

1130
斛
122

EPF22.451
三百二十三～

EPF22.451
三百六十六～

EPF22.451
人六～

1131
升
283

EPF22.704
三石二斗二～

EPF22.612
臧一～

EPF22.17
八斗五～

EPT4.44
脂穀桼斗五～

EPT7.1
三石三斗三～少

EPT8.29
十五石八斗四～少

EPT7.22
二石一斗六~大

EPT11.4
五石一斗六~大

車部

1132 車

121

EPF22.24
大~

EPF22.25
皆在業~上

EPF22.27
爲業將~

EPF22.11
大~

EPF22.463A
附尚子春~來歸

EPF22.12
皆置業~上

EPF22.18
將~到居延

1133 輒

14

EPT59.160
~言

EPF22.154
~言

EPF22.39
~行法

1134 軸

9

EPF22.26
~器物

EPF22.24
大車半⿰木磨~

EPF22.11
大車半槶~

1135 載

42

EPF22.29
~魚五千頭

EPF22.23
~魚五千頭

EPF22.23
~魚就直

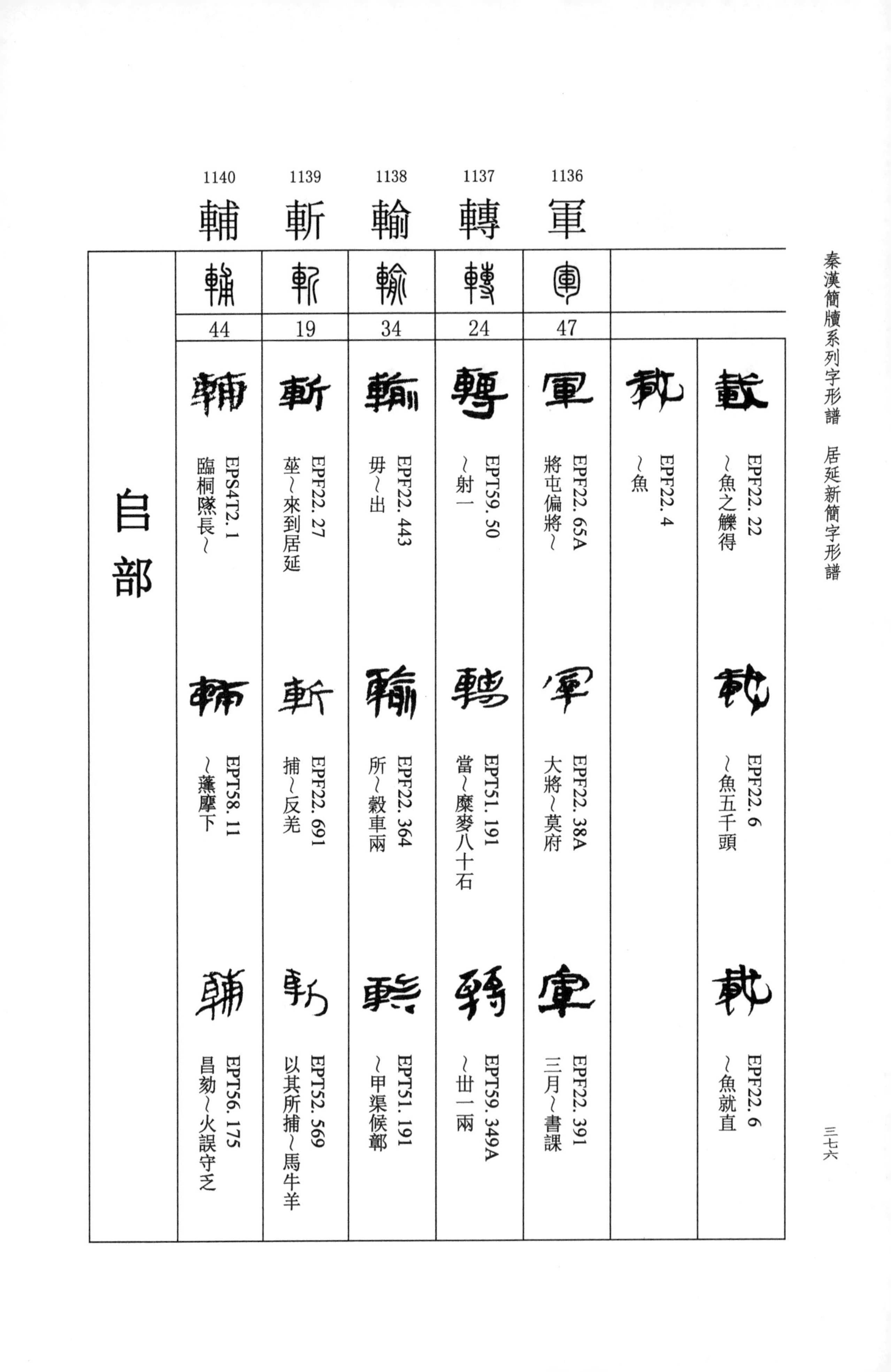

編號	字頭	數	出處	辭例
			EPF22.22	~魚之鰈得
			EPF22.6	~魚五千頭
			EPF22.6	~魚就直
			EPF22.4	~魚
1136	軍	47	EPF22.65A	將屯偏將~
			EPF22.38A	大將~莫府
			EPF22.391	三月~書課
1137	轉	24	EPT59.50	~射一
			EPT51.191	當~麋麥八十石
			EPT59.349A	~卌一兩
1138	輸	34	EPF22.443	毋~出
			EPF22.364	所~穀車兩
			EPT51.191	~甲渠候鄣
1139	斬	19	EPF22.27	坐~來到居延
			EPF22.691	捕~反羌
			EPT52.569	以其所捕~馬牛羊
1140	輔	44	EPS4T2.1	臨桐隧長~
			EPT58.11	~蓬靡下
			EPT56.175	昌劾~火誤守乏

𠂤部

1141

官

868

EPF22. 58
甲渠候~尉史

EPF22. 56A
移甲渠候~

EPF22. 57
甲渠候~尉史

EPF22. 290
遣之~

EPF22. 461
買~畜吏名

EPF22. 56B
傳致~

EPF22. 140
臨木候長上~武

EPF22. 63A
郎從~秩下

EPF22. 65A
大尉~縣

EPF22. 71A
千人~

EPF22. 153A
謂~縣

EPF22. 221
~奴婢

EPF22. 431
遣之~

EPF22. 451
~府

EPF22. 664
甲渠候~

EPF22. 691
其木~已具言

EPF22. 71A
謂~縣

EPF22. 63A
秩郎從~

EPF22. 68
丞邯下~縣

EPF22. 135
臨木候長上~武

EPF22. 369
即日到~

EPF22. 487
~毋稍入

EPF22. 582
已遣之~

EPF22. 59
甲渠候~

EPF22.60 甲渠候~

EPF22.39 輒收没入縣~

EPF22.39 獨令縣~鑄作錢

EPF22.170 丁卯餔時到~

EPF22.200 縣~

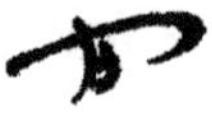
EPF22.199 縣~

𨸏部

1142 陰

陰 9

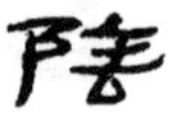
EPT59.10 魏郡~安左池里

EPT53.187 魏郡~安高里

1143 陽

陽 155

EPF22.259 隧長陳~

EPF22.71A 掾~

EPF22.462B 掾~

EPF22.68 掾~

EPF22.153B 掾~

EPF22.461 隊長鄭~

EPF22.21 昆~市南里

EPF22.58 ~里上造

EPF22.334A 甲溝守候~

EPF22.327 尉史~

1144 陷

5

EPT59.374 尊～冰

EPT50.114 ～陳

1145 降

22

EPF22.189 居延收～亭

EPF22.193 居延收～亭

EPT27.9 居延收～日時

1146 防

2

EPF22.851 義渠～等

1147 附

3

EPF22.463A ～尚子春車來歸

1148 陳

87

EPF22.353 姓～氏

EPT52.1 ～不識

EPF22.259 隧長～陽

1149 除

127

EPF22.63A ～天下

EPF22.353 ～爲甲渠士吏

EPF22.355 ～爲甲渠

EPF22.58 ～補甲渠候官

EPF22.60 ～補甲渠候官

EPF22.169 新～第廿一

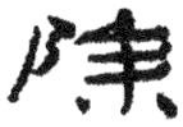

EPF22.164 皆赦～之

EPF22.351 ～吏次

𨸏部

1150

446

隧

EPF22.276 當乘～

EPF22.260 俱起～卒

EPF22.272 ～助吏

EPF22.267 收虜～長

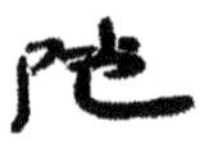
EPF22.167 ～長

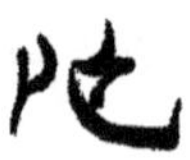
EPF22.352 ～長

EPF22.382 ～長

EPF22.365 ～長樊隆

EPF22.259 ～長陳陽

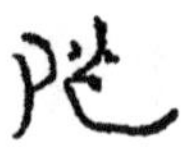
EPF22.272 未到～

EPF22.258 ～長史臨

EPF22.258 ～長趙匡

隊

EPF22.270 ～長徐業

EPF22.461 第八～長

EPF22.301A ～長張翕

EPF22.140 ～長張勳

EPF22.142 ～長房岑

EPF22.210 俱南～長

EPF22.120 ～長王猛

1151 重

隧

1075

隊 EPF22. 80 城北~長

EPF22. 82 ~長黨

EPF22. 116 ~長召蒲

EPF22. 268 ~長左隆

EPF22. 329 吞遠~

EPF22. 593 ~長晉欽

EPF22. 644 ~長單宮

EPF22. 88 ~長薛寄

EPF22. 461 ~長九百詡

EPF22. 476 遣~長

EPF22. 343 ~長王習〓

EPF22. 318 假亭~

EPF22. 94 ~長梁習

EPF22. 143 助~長王明

EPF22. 433 持~六石具弩

EPF22. 248 第二~長

EPF22. 651 貧~長

EPF22. 147 吞遠~

EPF22. 144 ~長董習

EPF22. 271 到~

EPF22. 271 ~長侯雲

EPF22. 252 ~長李孝

四部

1152

四

838

EPF22.429
穀～斗

EPF22.452
第～候長憲等

EPF22.53A
～時言

EPF22.158
第～候長憲等

EPF22.264
右隧長～人

EPF22.51A
吏民毋犯～時禁

EPF22.50A
～時言

EPF22.265
右隧長～人

EPF22.43
～時言

EPF22.94
～月食三石

EPF22.318
六年～月

EPF22.45A
建武～年五月

EPF22.56A
給事補者～人=

EPF22.97
～月辛巳自取

EPF22.252
第十～隧長

EPF22.51A
～時言

EPF22.664
建武～年

EPF22.487
迫計～時到

EPF22.39
～時言犯者名狀

EPF22.17
五萬五千～

EPF22.305
十～

EPF22. 48A 建武～年五月

EPF22. 435 穀廿～石

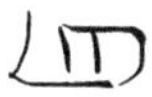
EPF22. 166 第～守候長恭等

EPF22. 48A ～時言

EPF22. 664 建武四年～

EPF22. 690 ～時言

EPF22. 250A 謂第十～

EPF22. 192 ～月九日

EPF22. 319 六年～月

EPF22. 126A ～年十一月

EPF22. 308 百卌～

EPF22. 155 八月廿～日

EPF22. 16 市穀決石～千

EPF22. 50A 吏民毋犯～時禁

EPF22. 429 屬復得嚴穀～斗

EPF22. 311 二千～百廿二

EPF22. 419A ～月畢已

EPF22. 27 市穀決石～千

1153 重

三

三	
244	

EPF22. 177 千～百五十

EPF22. 177 千～百二

EPF22. 178 弦～十桼

EPF22. 177 六百～十八

EPF22. 176 弦～十三

EPF22. 184 弦～十八

EPF22.263
百～十六

EPF22.468B
九月～時

EPF22.685
第～候

EPF22.468A
九月～時

EPF22.334A
～年桼月

EPF22.176
二百八十～

EPF22.176
弦三十～

EPF22.242
上戊～年

EPF22.119
第十～

五部

1154

五

1265

EPF22.2
臧～百以上

EPF22.288
建武～年二月

EPF22.313
鐵鍉瞀～十六

EPF22.247A
建武～年五月

EPF22.729
右～月

EPF22.247A
建武五年～月

EPF22.574A
財適～百束

EPF22.17
十三石八斗～升

EPF22.473B
等～人

EPF22.358
更始三年～月中

EPF22.23
載魚～千頭

EPF22.45A
萬～千

EPF22. 70 領河西～郡

EPF22. 45A 建武四年～月

EPF22. 309 弩循廿～

EPF22. 31 萬～千六百

EPF22. 56A 建武～年八月

EPF22. 75 十～石

EPF22. 76 十～石

EPF22. 254A 建武～年四月

EPF22. 22 七十～石

EPF22. 316 ～石具弩三

EPF22. 306 ～石

EPF22. 58 年～十

EPF22. 304 東部～威率言

EPF22. 153A 建武～年八月

EPF22. 22 齒～歲

EPF22. 17 ～萬五千四

EPF22. 318 出～石具弩一

EPF22. 21 臧～百以上

EPF22. 5 與交穀十～石

EPF22. 29 魚～千頭

EPF22. 233 民與賻錢～萬

EPF22. 25 萬～千六百

EPF22. 312 鐵鎧～十九

EPF22. 330 更始三年～月中

EPF22.250A
建武~年四月

EPF22.687
月二十~日

EPF22.17
五萬~千四

EPF22.419A
千三百~十

EPF22.176
見二千二百五十~

EPF22.183
寅矢千八百~十

EPF22.178
少九百~十

EPF22.192
會月廿~日

EPT68.107
年~十九歲

六部

1155

六

979

EPF22.313
鐵鍉沓五十~

EPF22.314
餘盾~十桼

EPF22.319
出槀矢銅鍭~十

EPF22.319
四月十~日

EPF22.536
~年六月

EPF22.536
六年~月

EPF22.156
八月廿~日

EPF22.55A
正月盡~月

EPF22.38A
建武~年七月

EPF22.169
建武桼年~月庚午

EPF22.271
~月廿日

EPF22.61
循服~石弩一

EPF22. 27
直～十石

EPF22. 42
建武～年七月

EPF22. 22
平賈直～十石

EPF22. 25
直～百

EPF22. 25
錢萬五千～百

EPF22. 21
年～十六歲

EPF22. 461
第～隊長常業

EPF22. 461
第十～隧長鄭陽

EPF22. 361
至今～月廿

EPF22. 306
百一十～

EPF22. 318
建武～年四月

EPF22. 318
四月十～日

EPF22. 263
帛百三十～匹

EPF22. 563
盡～月

EPF22. 521
～人各備一弦

EPF22. 31
萬五千～百

EPF22. 53A
建武～年七月

EPF22. 72
月～十石

EPF22. 22
平賈直～十石

EPF22. 12
直～百

EPF22. 5
平賈直～十石與交

EPF22. 3
年六十～歲

EPF22. 3
年～十六歲

EPF22. 13
直～千

EPF22.5
八歲平賈直~十石

EPF22.761
過十~

EPF22.451
三百六十~斛

七部

1156

七

549

EPF22.38A
建武六年~月

EPF22.338A
廿~日

EPF22.373
建武三年~月

EPF22.23
穀廿~石

EPF22.69
南海~郡

EPF22.323
建武六年~月

EPF22.325A
~月

EPF22.29
穀廿~石

EPF22.61
建武三年~月

EPF22.53A
建武六年~月

EPF22.60
年五十~

EPF22.62A
~月盡九月四時

EPF22.527
第十~隊長

EPF22.601
~月十三日

EPF22.270
建武六年~月

EPF22.399
主亭隧~所

EPF22.51A
建武六年~月

EPF22.42
建武六年~月

九部

1157

九

510

EPF22.461
第二隧長～百詡

EPF22.312
五十～

EPF22.452
～月甲戌

EPF22.62A
七月盡～月四時

EPF22.644
第～隧長

EPF22.101
第～隧長單宮

EPF22.124
卌～石

EPF22.148
廿～時二分

EPF22.639
十～日

EPF22.468B
桼月盡～月三時簿

EPF22.468A
桼月盡～月三時簿

EPF22.157
～月八日甲辰齋

EPF22.463B
今～日

EPF22.858
～日詣部

EPF22.704
～月

EPF22.189
～日詣部

EPF22.192
今年四月～日

EPF22.176
千～百六十六

内部

1158 萬

207

EPF22.25 錢~五千六百

EPF22.26 錢八~

EPF22.24 卌二~

EPF22.29 卌二~

EPF22.31 錢~五千六百

EPF22.233 錢五~

EPF22.224 購錢十~

EPF22.24 少八~

EPF22.24 直~錢

EPF22.29 錢卌~

EPF22.11 直~錢

EPF22.325A 帛~二千

EPF22.7 錢卌~

EPF22.256 ~歲候長

EPF22.23 卌~

EPF22.249 ~歲候長

EPF22.45A ~五千

EPF22.288 ~歲候長

1159 禹

18

EPF22.693 告勸農掾~

EPT59.64 隊卒尹~字君伯

嘼部

1160

獸

2

EPT59.62 牛馬畜～

甲部

1161

甲

1060

EPF22.533 ～渠□

EPF22.187A ～渠鄣候

EPF22.250A ～渠守候

EPF22.45A ～渠塞尉

EPF22.335 正月～戌

EPF22.50A ～渠塞尉

EPF22.56B ～渠

EPF22.512 ～渠鄣守候

EPF22.151A 居延～渠鄣候

EPF22.288 丙午朔～戌

EPF22.452 九月～戌

EPF22.353 除爲～渠士吏

EPF22.430A ～渠鄣守候

EPF22.459 ～渠

EPF22.452 ～渠候

EPF22. 153A
八月～辰

EPF22. 56A
移～渠候官

EPF22. 58
～渠候官

EPF22. 355
～渠城北候長

EPF22. 53A
～渠鄣候

EPF22. 54A
～渠塞尉

EPF22. 552
～戍到官

EPF22. 55A
～渠塞尉放

EPF22. 619
良～辰受遣

EPF22. 163
～渠鄣候

EPF22. 151D
～渠守候

EPF22. 695
～渠言

EPF22. 48A
～渠塞尉

EPF22. 254A
～渠守候

EPF22. 157
九月八日～辰齋

EPF22. 163
八月～辰朔

EPF22. 29
～渠候

EPF22. 282
～渠守

EPF22. 158
～渠候長

EPF22. 51A
～渠鄣守候

EPF22. 44
～渠言

EPF22. 47A
～渠塞尉

EPF22. 709
府告～渠鄣候

EPF22. 151AB
～渠鄣候

（甲，續）

EPF22.59
~渠候官

EPF22.352
~渠城北隧長

EPF22.56A
八月~辰

乙部

1162

乙

249

EPF22.247A
~亥

EPF22.138
~未

EPF22.38A
~卯

EPF22.535
~巳

EPF22.141
~未

EPF22.126A
~巳

EPF22.53A
~卯

EPF22.61
~酉

EPF22.1
~卯

EPF22.208
~丑

EPF22.476
~巳

EPF22.436
~卯

EPF22.438
~卯

EPF22.280
~酉

EPF22.51A
~卯

1163

乾

3

EPT49.48A
言不愈~

EPT52.405
卅井卒~

1164

尤

3

EPT 50. 1A 出～別異

EPT59. 120 □吏爲～異

丙部

1165

丙

194

EPF22. 288 二月～午

EPF22. 369 ～申日中受遣

EPF22. 250A 四月～午

EPF22. 56A 八月甲辰朔～午

EPF22. 171 案隆～寅

EPF22. 254A 四月～午

丁部

1166

丁

231

EPF22. 138 ～酉食

EPF22. 151AB ～酉食時到府

EPF22. 80 ～亥

EPF22. 82 三月～亥

EPF22. 440 正月～丑

EPF22. 170 ～卯餔時

EPF22. 187A 癸丑朔～巳

EPF22. 127 都田嗇夫～

EPF22. 61 ～酉

EPF22.125
都田嗇夫～宮

1167

戊

288

戊部

EPF22.21
癸丑朔～辰

EPF22.50A
辛巳朔～子

EPF22.48A
辛巳朔～子

EPF22.126A
～寅朔乙巳

EPF22.51A
～戌朔乙卯

EPF22.53A
～戌朔乙卯

EPF22.153A
甲辰朔～申

EPF22.68
八月～辰

EPF22.42
～戌朔乙卯

EPF22.413A
地皇上～元年

EPF22.483
地皇上～三年

EPF22.236
地皇上～三年七月

EPF22.468A
地皇上～二年

EPF22.468B
地皇上～二年

EPF22.334A
地皇上～三年

EPF22.282
～寅

1168

成

98

EPF22.207
吞北隧長呂～

EPF22.156
直～

EPT17.35
武～

己部

1169

己

221

EPF22.595
～亥

EPF22.723
～亥

EPF22.685
～巳

EPF22.80
～丑

EPF22.156
～巳

EPF22.34
～卯

EPF22.334A
～卯

EPF22.213
～巳

庚部

1170

庚

184

EPF22.460A
～申朔甲戌

EPF22.214
十二月～午

EPF22.205
十二月～申

EPF22.158
八月～戌

EPF22.430A
甲午朔～申

EPF22.290
九月～子

辛部

1171 辛 辛 214

辛 EPF22.29 癸丑朔～未

EPF22.48A ～巳朔戊子

EPF22.82 丁亥朔～卯

EPF22.97 四月～巳自取

EPF22.151CD 十一月～丑

EPF22.45A ～巳朔戊子

EPF22.70 丁巳朔～巳

EPF22.85 正月～巳自取

EPF22.84 正月～巳自取

EPF22.88 二月～亥自取

EPF22.50A ～巳朔戊子

EPF22.65A 十月～酉

1172 皋 皋 1

EPT51.652 問如～

1173 辜 辜 3

EPS4T2.100 而以～二旬

EPF22.326 以～一旬內

1174 辤 辤 97

EPF22.30 恩～（辭）

EPF22.31 恩～（辭）

EPF22.21 ～（辭）所出入

EPF22.21
恩～（辭）曰

EPF22.21
～（辭）以定

EPF22.330
恭～（辭）曰

EPF22.141
等～（辭）

EPF22.2
～（辭）已定

EPF22.3
恩～（辭）曰

EPF22.2
～（辭）所出入

EPF22.192
～（辭）皆曰

壬部

1175
壬
壬
197

EPF22.80
迺二月～午

EPF22.151AB
十一月～辰

EPF22.247A
乙亥朔～午

EPF22.89
二月～申

EPF22.357
月五日～子

EPF22.133
十一月～辰

EPF22.71A
六月～申

EPF22.658
～子白

EPF22.473A
五月～寅

癸部

1176
癸

199

EPF22.29
~丑朔辛未

EPF22.101
~亥自取

EPF22.250A
丙午朔~酉

EPF22.421
~亥

EPF22.533
五月~卯

EPF22.61
迺~巳視事

EPF22.340
湯蓋~酉

EPF22.254A
丙午朔~酉

EPF22.187A
~丑朔丁巳

子部

1177
子

515

EPF22.34
男~寇恩事

EPF22.45A
侯~

EPF22.14
又恩~男欽

EPF22.138
言男~郭長

EPF22.26
又恩~男欽

EPF22.691
及其妻~

EPF22.188
女~

EPF22.658
壬~

EPF22.151AB
男~郭長

EPF22.31
又~男欽

EPF22.48A
辛巳朔戊~

EPF22.55A
辛巳朔戊~

EPF22.50A
辛巳朔戊～

EPF22.47A
辛巳朔戊～

EPF22.357
壬～昏時

EPF22.565A
舍中兒～

EPF22.45A
辛巳朔戊～

EPF22.137
男～王歆等

EPF22.354
～男慶

EPF22.648
男～

EPF22.292
甲～

1178

字

14

EPS4T1.5
從姓～始

EPT59.29A
賤子周恭～少仲

EPT59.64
尹禹～君伯

1179

季

19

EPT65.199
第五隧長～宮

EPT49.89B
～元

EPT26.13
自取～

ESC.34
常勝隧卒～歐

1180

孟

23

EPT51.27A
～章

EPF22.191
候長～憲

1181

孤

16

ESC.40
給～山隧長王憚

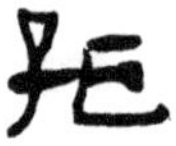
EPT59.167
～山里景

EPF22.60
～山里大夫

1182 疑

12

EPT59.286 行罪毋～

EPF22.64A 爵～者

EPF22.30 ～非實

厶部

1183 育

38

EPF22.22 尉史周～

EPF22.27 時商～

EPF22.24 所將～牛黑

EPF22.22 商～不能行

EPF22.19 時商～

EPF22.4 尉史周～

EPF22.4 商～不能行

1184 疏

2

踈 EPT49.3 家長以制日～魅名

丑部

1185 丑

216

EPF22.440 正月丁～除

EPF22.29 癸～朔辛未

EPF22.80 丁亥朔己～

EPF22. 1　癸～朔乙卯

EPF22. 151CD　十一月辛～

EPF22. 208　十二月乙～

EPF22. 357　癸～當到

EPF22. 527　辛～夜昏後

EPF22. 187A　癸～朔丁巳

寅部

1186

寅

159

EPF22. 126A　戊～朔乙巳

EPF22. 693　五月甲～

EPF22. 171　案隆丙～

卯部

1187

卯

168

EPF22. 82　丁亥朔辛～

EPF22. 53A　戊戌朔乙～

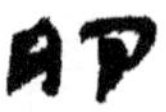
EPF22. 34　十二月己～

EPF22. 334A　己～朔乙巳

EPF22. 155　八月廿四日丁～

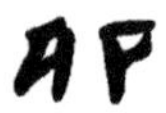
EPF22. 337　十一月己～

EPT57. 59　辛～

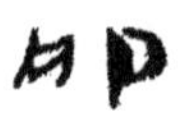
EPF22. 170　丁～餔時

EPF22. 51A　戊戌朔乙～

EPT51.193
三月乙卯

EPF22.1
癸丑朔乙～

辰部

1188
辰
辰
173

EPF22.619
良甲～受遣

EPF22.151AB
十一月壬～檄言

EPF22.153A
甲～朔戊申

EPF22.21
癸丑朔戊～

EPF22.56A
甲～朔丙午

EPF22.133
十一月壬～

EPF22.163
八月甲～朔

EPF22.68
八月戊～

巳部

1189
巳
巳
356

EPF22.97
四月辛～

EPF22.334A
乙～

EPF22.213
十二月己～

EPF22.156
己～

EPF22.50A
辛～

EPF22.85
正月辛～

1190

㠯

764

EPF22.55A 辛～

EPF22.70 辛～

EPF22.83 辛～

EPF22.187A 丁～

EPF22.84 正月辛～

EPF22.126A 乙～

EPF22.730 己巳～巳

EPF22.70 丁～

EPF22.535 乙～

EPF22.477B 畢～（已）

EPF22.691 ～（已）具言

EPF22.27 牛～（已）

EPF22.2 辤～（已）定

EPF22.582 ～（已）遣之官

EPF22.150 謹～（已）劾

EPF22.131 謹～（已）劾

EPF22.20 ～（已）决

以 EPF22.353 ～迹候通

EPF22.723 □～假佐假假假

EPF22.68 ～近秩次

EPF22.79 都尉～便宜予

EPF22.713 ～急疾爲故

EPF22.395 臧千錢～上

EPF22.709
~郵行

EPF22.39
自今~來

EPF22.221
~科列從事

EPF22.154
不~爲意

EPF22.1
~廷所移甲渠候書

EPF22.228
~其一還歸本主

EPF22.706
□於□~□

EPF22.144
習~

EPF22.304
諸~法食者

EPF22.27
~欽作賈穀

EPF22.29
~得卅二萬

EPF22.23
~所得商牛黄

EPF22.30
~爲惲

EPF22.21
辤~定

EPF22.24
~錢卅二萬

EPF22.159
~謹敬

EPF22.26
~去年

EPF22.27
因~其賈與恩

EPF22.200
~縣官馬

EPF22.153A
~居延倉長印封

EPF22.234
~其言

EPF22.24
恩~大車半㯓軸一

EPF22.77
右~祖脱穀給

EPF22.164
自殊死~下

- EPF22.221 ~西州書
- EPF22.30 ~所得就直牛
- EPF22.151AB ~郵行
- EPF22.21 五百~上
- EPF22.2 ~實
- EPF22.2 ~辤所出入
- EPF22.45A 關内侯~下
- EPF22.221 ~舊制律令
- EPF22.19 因~其
- EPF22.64A 臣稽首~聞
- EPF22.10 并~錢卅二萬
- EPF22.16 ~欽作
- EPF22.246 務~愛利省約
- EPF22.144 不~時行
- EPF22.288 先~證不言請
- EPF22.186 ~縣官事
- EPF22.199 ~縣官事
- EPF22.200 不~死駒付永=

午部

1191

午

182

- EPF22.247A 乙亥朔壬~
- EPF22.169 六月庚~
- EPF22.250A 丙~朔癸酉

EPF22.134
甲～日入到府

EPF22.56A
八月甲辰朔丙～

EPF22.288
丙～朔甲戌

EPF22.254A
丙～朔癸酉

未部

1192

未

332

EPF22.121
五月癸～自取

EPF22.362
關儌逐捕～得

EPF22.81
～能視事

EPF22.29
癸丑朔辛～

EPF22.138
十一月乙～

EPF22.390
從蔡校尉～還

EPF22.281
～忍

申部

1193

申

156

EPF22.153A
甲辰朔戊～

EPF22.369
丙～日中

EPF22.460A
庚～朔甲戌

EPF22. 462A
壬子朔壬～

EPF22. 205
十二月庚～

EPF22. 71A
六月壬～

EPF22. 430A
甲午朔庚～

1194
臾

4

EPF22. 193
須～去

EPT52. 396
倉～部鄣

酉部

1195
酉

179

EPF22. 65A
十月辛～

EPF22. 61
乙酉朔丁～

EPF22. 151AB
丁～食時

EPF22. 61
乙～朔丁酉

EPF22. 280
乙～加傷寒

EPF22. 250A
丙午朔癸～

EPF22. 138
丁～食

EPF22. 254A
丙午朔癸～

EPF22. 338A
己～白書

EPF22. 340
湯薀癸～

1196

酒

41

EPF22.724 倚庭侍～

EPF22.63A 以爲牛～之資

EPT51.224A 戎具少～

1197

醫

5

EPF22.246 病致～藥

EPF22.279 勉致～

EPF22.82 請令就～

酉部

1198

酋

2

EPF22.223 ～豪

1199 重

尊

67

EPT56.13 馬騎士段～

EPF22.505 王～

EPT52.207 延燔～錢財衣物

戌部

1200

戌

156

EPF22.452 九月甲～

EPF22.209 十二月壬～

EPF22.206 十二月壬～

EPF22.42 戊～朔乙卯

EPF22.51A 戊～朔乙卯

EPF22.53A 戊～朔乙卯

EPF22.158
八月庚～

EPF22.460A
庚申朔甲～

亥部

1201

亥

155

EPF22.80
丁～朔己丑

EPF22.82
丁～朔辛卯

EPF22.93
四月辛～自取

EPF22.595
己～

EPF22.247A
乙～朔壬午

EPF22.413A
己～

EPF22.421
癸～

合文

0001

七十

5

EPT17.14 千四百～三石

EPT57.51 凡得板～枚

EPT57.78 從二千～步

EPT58.16 去居延澤城～里

EPT52.35 百～束

筆畫序檢字表

一　本檢字表，供檢索《居延新簡字形譜》單字的所有字頭和字頭下的俗寫異體用，由此可檢閲到相關字頭下的全部内容。由於合文數量較少，故不再附於本檢字表中。

二　表中被檢字首先按筆畫排列，筆畫相同的字再按筆順（一、丨、丿、、、乙）之序排列。

三　每一字頭之後是該字在字形譜中的字頭序號——四位阿拉伯數字或四位阿拉伯數字加「重」，或四位阿拉伯數字加「新」。例如：「甲　1161」表示「甲」的字頭序號爲「1161」。

四　字形相同但屬於不同字頭者，其字頭序號置於同一字形之後。

五　鑒於有些字頭和字頭下的俗寫異體較爲生僻，爲便於檢索，本檢字表專門列出了與這些生僻字所對應的通行體，即通過檢索某一生僻字所對應的通行體，也可檢索到該生僻字。具體詳《凡例》第十四條。

一畫
一 0001
乙 1162
二畫
二 1061
十 0173
丁 1166
七 1156
卜 0284
八 0063
入 0421
人 0664
几 1122
九 1157
刀 0349
乃 0385
力 1091
又 0245
三畫
三 0016
干 0168
于 0391
亏 0391
亐 0391
士 0022
土 1064
下 0007重
寸 0266
丈 0174
大 0855
上 0005重
小 0061
口 0082
巾 0653
山 0787
千 0175
川 0933
亾 1014
及 0250
久 0448
夕 0576
凡 1063
亡 1014
之 0494
弓 1024
己 1169
巳 1189
子 1177
也 1004
女 0990
四畫
亖 1153重
王 0017
井 0406
天 0003
夫 0864
元 0002
云 0944重
廿 0177
木 0450
五 1154
支 0258
不 0951
仄 0802
犬 0833
友 0253
尤 1164
匹 1019
巨 0379
屯 0025
比 0715
止 0105
少 0062
廾 0811
曰 0382
日 0552
中 0024
内 0422
水 0896
牛 0071
手 0969
午 1191
壬 1175
升 1131
长 0808
仁 0666
仍 0682
斤 1125
反 0251
父 0247
今 0417
凶 0612
分 0064
公 0067
乏 0113
月 0571
戶 0956
氏 1005
勿 0810
丹 0403
文 0772
六 1155

方 0747
火 0843
为 0242
斗 1129
心 0868
尹 0249
尺 0743
丑 1185
孔 0950
以 1190
予 0325
毋 1002

五畫

玉 0020
示 0008
未 1192
巧 0378

正 0112
功 1093
去 0401
甘 0380
世 0180
丗 0179
古 0172
芀 0057
本 0461
札 0480
可 0388
丙 1165
左 0376
右 0246
石 0804
布 0660
戊 1167

平 0392
北 0716
占 0285
目 0289
旦 0566
且 1124
甲 1161
申 1193
田 1083
史 0256
央 0433
兄 0750
㠯 1190
叩 0097
冉 0811
囚 0510
四 1152

生 0499
矢 0425
失 0984
丘 0717
付 0684
代 0691
伋 0667
白 0662
斥 0800
尘 1069
乎 0390
令 0775
用 0287
印 0778
卯 1187
犯 0837
外 0578

冬 0940
主 0402
市 0432
立 0865
玄 0324
半 0070
氾 0911
它 1059
必 0068
永 0937
司 0774
民 1003
出 0495
奴 0997
召 0088
加 1102
皮 0269

母 0994
幼 0322

六畫

匡 1021
刲 0356
㓝 0407
刑 0407
刦 0359
戎 1006
圭 1075
寺 0267
卋 0179
吉 0093
考 0738
迏 0116
地 1065
耳 0964

共 0234
臣 0263
吏 0004
再 0321
西 0954
戌 1200
在 1068
百 0300
有 0573
而 0812
列 0355
死 0333
成 1168
邪 0549
至 0952
此 0111
光 0848

早 0554
曲 1022
同 0646
因 0509
回 0507
肉 0336
年 0595
朱 0462
牝 0073
先 0751
廷 0157
舌 0167
竹 0363
佚 0704
休 0485
伏 0701
伐 0702

延 0159
仲 0669
件 0703
任 0693
自 0296
后 0773
行 0160
全 0423重
合 0416
兆 0286重
旬 0782
匈 0783
名 0085
各 0095
多 0579
色 0779
庠 0800

亦 0857
交 0860
衣 0726
次 0757
亥 1201
充 0749
羊 0310
并 0714
米 0604
州 0934
汗 0928
江 0898
汝 0901
守 0626
宅 0615
字 1178
安 0620

肎 0346
聿 0259
收 0281
防 1146
丞 0229
如 0999
羽 0303
牟 0075
糸 1031

七畫

戒 0230
吞 0083
扶 0973
折 0046重
孝 0739
志 0869
劫 1105

邯 0544
卌 0178
苣 0044
杜 0453
李 0451
求 0737重
車 1132
更 0276
束 0505
酉 1195
辰 1188
迚 0145
步 0109
辻 0128
肖 0340
时 0553
貝 0515

吳 0858
見 0752
助 1094
里 1081
足 0163
男 1090
困 0513
呂 0638
邑 0537
别 0334
岑 0788
告 0081
我 1010
利 0350
私 0588
征 0705
兵 0231
何 0675
佐 0706
作 0686
伯 0668
佗 0674
身 0724
近 0138
坐 1069
谷 0939
邸 0540
免 0707
迎 0124
言 0181
辛 1171
羌 0312
弟 0447
沐 0924
沛 0907
沙 0914
冰 0932
没 0920
沈 0921
決 0917
完 0622
宋 0635
宏 0618
牢 0076
良 0437
初 0351
社 0014
君 0086
即 0408
改 0274
张 1025
壯 0023
附 1147
忍 0893
甬 0583
矣 0429

八畫

奉 0228
武 1009
青 0404
表 0727
長 0808
拔 0985
者 0299
拘 0170
幸 0859
其 0374重
耶 0549
取 0252
苦 0029
苛 0035
若 0040
英 0033
苟 0048
范 0052
直 1013
枎 0466
林 0493
枚 0465
板 0488
松 0459
東 0492
或 1008
事 0257
剌 0359
兩 0648
雨 0941
奈 0856
奇 0389
來 0441
剌 0359
到 0953
妻 0993
郅 0545
非 0949
肯 0346
尚 0066
具 0232
昆 0564
昌 0563
門 0959
明 0575重

炅 0850
典 0375
固 0511
忠 0873
呼 0084
岸 0791
沝 0932
制 0356
知 0428
牧 0282
物 0077
杜 0014
和 0091
季 1179
刻 0359
佳 0673
侍 0683

使 0694
佰 0685
臾 1194
兒 0748
侚 0672
依 0681
帛 0661
卑 0255
迫 0139
往 0148
所 1127
舍 0418
命 0087
斧 1126
受 0328
爭 0329
念 0874

肥 0347
服 0746
周 0094
昏 0560
兔 0831
忽 0885
狗 0834
京 0434
夜 0577
疾 0641
府 0792
卒 0736
庚 1170
辛 1171
放 0326
於 0317重
劾 1106

育 1183
券 0358
卷 0776
法 0830重
泄 0904
沽 0906
河 0897
況 0910
注 0918
治 0905
宗 0636
定 0619
宜 0627
官 1141
空 0639
郎 0547
肩 0339重

房 0958
社 0014
建 0158
帚 0657
居 0740
弦 1029
承 0980
盂 1180
狀 0836
孤 1181
亟 1062
降 1145
函 0582
姓 0991
始 0998
弩 1027

九畫

奏 0863
春 0054
持 0974
封 1070
城 1071
政 0271
指 0970
甚 0381
荆 0031
革 0239
草 0053
茭 0042
故 0270
胡 0342
南 0498
柯 0475
柄 0476

相 0292
柱 0468
戒 1006
匽 1018
要 0237重
迺 0386
咸 0092
威 0995
厚 0436
面 0767
耐 0813重
殄 0332
皆 0297
省 0294
昧 0555
是 0114
則 0352
明 0574
昨 0562
曷 0383
昭 0556
盼 1084
界 1084
思 0867
品 0164
炭 0845
骨 0335
拜 0971重
臿 0611
秋 0598
科 0600
重 0722
便 0692
保 0665
信 0194
皇 0019
泉 0935
侵 0688
禹 1159
追 0136
盾 0295
待 0152
衍 0909
律 0156
後 0154
俞 0745
卻 0777
爰 0327
食 0410
矦 0427
負 0525
勉 1097
風 1058
急 0883
計 0200
京 0434
哀 0096
亭 0431
度 0254
迹 0115
庭 0793
庰 0800
音 0222
竒 0389
䖟 1057
施 0567
差 0377
送 0131
前 0106
酋 1198
首 0768
逆 0123
洗 0925
染 0927
宣 0617
室 0616
客 0631
冠 0645
軍 1136
扁 0165
冢 0784
祖 0012
祠 0013
郡 0538
屋 0742
昬 0560
韋 0446
除 1149
姦 1001
怒 0886
臬 0613
癸 1176
蚤 1056重
級 1037
約 1038
紀 1032

十畫

秦 0599
班 0021
素 1052
匿 1017
捕 0987

馬 0820
挾 0976
起 0103
貢 0520
捉 0979
都 0539
埒 1066
換 0988
恐 0891
垔 1069
華 0502
恭 0877
莫 0060
莝 0043
真 0712
桐 0458
桁 0489

桃 0452
格 0467
校 0484
根 0463
索 0497
夏 0445
原 0936重
勑 1095
逐 0137
殊 0331
致 0443
晉 0558
歬 0106
時 0553
畢 0319
財 0516
晏 0559

員 0514
恩 0880
缺 0424
氣 0609
特 0072
郵 0541
造 0122
乘 0449
秩 0592
奚 0859
倩 0670
借 0687
倚 0680
條 0464
脩 0343
俱 0678
倂 0708

倍 0696
倓 0671
射 0426重
徒 0116
徐 0151
殷 0725
殺 0265
倉 0420
翁 0304
脂 0344
狼 0840
卿 0780
逢 0126
留 1087
訖 0208
記 0206
高 0430

郭 0550
衺 0727
席 0658
庚 0644
病 0643
疾 0641
部 0543
竝 0866
旁 0006
畜 1088
恙 0889
益 0399
兼 0602
朔 0572
酒 1196
海 0908
悔 0887

害 0634
家 0614
宮 0637
容 0625
案 0473
冢 0784
扇 0957
袍 0728
被 0732
冤 0832
書 0260
弱 0771
陳 1148
牂 0311
孫 1030
陰 1142
陷 1144

娉 1000
恕 0878
脅 0338
通 0127
能 0842
務 1096
納 1033

十一畫

春 0610
責 0529
焉 0318
赦 0278
推 0972
教 0283
掖 0989
執 0861
其 0026
菫 1080
萊 0050
菩 0054
萌 0032
革 0041
荅 0058
乾 1163
械 0486
梧 0472
泰 0504
麥 0442
梓 0454
斬 1139
曹 0384
副 0353
區 1016
堅 0262
帶 0655
處 1123重
堂 1067
常 0656
敗 0279
販 0531
野 1082
問 0089
曼 0248
晦 0561
異 0235
略 1085
蛇 1060重
累 1045
國 0508
患 0890
唯 0090
眾 0718
崔 0790
崇 0789
朙 0574
過 0120
移 0590
動 1100
符 0367
笥 0368
第 0372
偃 0699
偕 0677
倏 0689
進 0121
倚 0680
偏 0697
徙 0128
得 0155
從 0713
釱 1115
欲 0756
貧 0534
脫 0341
魚 0945
猪 0814
猗 0835
斛 1130
猛 0838
許 0186
孰 0243
庶 0799
庚 0797
康 0593重
庸 0288
章 0223
竟 0224
產 0500
商 0169
望 0721
袤 0729
率 1053
盖 0039
羕 0938
敝 0663
渠 0916
涼 0923
淳 0926
深 0902
梁 0483
淩 0894
惕 0892

寇 0280
寅 1186
寄 0632
宿 0629
寃 0832
視 0753
晝 0261
設 0330重
敢 0330重
尉 0846
屠 0741
張 1025
將 0268
陽 1143
隆 0501
隊 1150
婢 0996
習 0302
悤 1104重
參 0569重
貫 0580
鄉 0551
細 1036
終 1040

十二畫

絜 1049
琴 1012
勢 1103
越 0102
超 0101
揚 0981
博 0176
喜 0394
堠 1077
報 0862
掾 0977
聑 0975
黃 1089
葢 0039
畱 1087
萬 1158
萩 0030
董 0059
敬 0785
葱 0047
辜 1173
葦 0049
椎 0474
軸 1134
粟 0584
雲 0943
敞 0273
最 0647
閏 0018
閒 0961
遇 0125
過 0140
貴 0536
單 0099
買 0532
𢄼 0659
黑 0852
圍 0512
無 1015
稍 0597
程 0601
黍 0603
等 0366
備 0676
傅 0679
順 0765
集 0314重
焦 0847重
衆 0718
復 0147
循 0149
假 0153
須 0770
欽 0755
翕 0305
爲 0242
飲 0759
脾 0337
勝 1099
詐 0214
診 0218
詔 0196
馮 0825
就 0435
廚 0795
痛 0642
善 0221重
普 0565
尊 1199重
道 0143
遂 0135
曾 0065
勞 1101
湯 0922
温 0899
淵 0912
盜 0760

渡 0919
游 0568
惲 0876
寒 0633
富 0623
補 0734
强 1055
費 0528
疏 1184
絜 1048
賀 0519
登 0108
發 1028
彘 0818
給 1039
絳 1042
絶 1034

幾 0323

十三畫

載 1135
馳 0826
遠 0142
鼓 0396
塢 1078
聖 0965
蒼 0034
蒙 0051
禁 0015
椈 0490
槐 0456
嗇 0440
賈 0530
碓 0806
督 0293

歲 0110
訾 0213
虜 0581
業 0225
當 1086
賊 1007
愚 0884
遣 0132
豊 0397
農 0238
署 0650
置 0652
罪 0649
1172
幝 0079
筭 0370
與 0236

傳 0695
牒 0585
優 0709
傷 0700
皐 1172
微 0150
鉤 0171
愈 0895
會 0419
愛 0444
解 0362
試 0199
詩 0189
誠 0195
詣 0209
詳 0190
詡 0205

稟 0439
資 0517
新 1128
鄣 0548
歆 0758
意 0870
雍 0308
義 1011
慈 0879
煩 0766
溝 0915
滅 0930
塗 1076
慎 0872
塞 1073
福 0010
辟 0781

裝 0735
嫁 0992
綏 1051

十四畫

静 0405
趙 0104
嘉 0395
聚 0719
熏 1080
蔥 0047
蔡 0036
薌 0055新
槍 0470
榜 0477
輒 1133
輔 1140
朢 0721

厭 0803
臧 0264
對 0227重
嘗 0393
聞 0968
閣 0960
踈 1184
罰 0357
種 0586
算 0371
僨 0698
鼻 0301
銅 1109
鋌 1113
鉼 1120
領 0763
鳳 0315
疑 1182
獄 0841
毚 0851
語 0182
誤 0212
豪 0817重
廣 0796
遮 0141
腐 0345
廄 0795
瘦 0644
塵 1079
廖 0801
適 0119
養 0412
鄭 0542
幣 0654
榮 0457
漢 0900
滿 0913
漕 0931
寬 0630
賓 0526
窬 0640
察 0621
寧 0387
實 0624
複 0731
盡 0400
隨 0117
隧 1150
鄧 0546
脊 0291

十五畫

駒 0821
趣 0100
賣 0496
熱 0849
增 1072
穀 0596
樓 0469
樊 0233
賢 0518
遷 0129
磑 0805
豬 0814
齒 0162
棗 0584
賞 0523
賦 0533
賜 0524
閱 0963
數 0272
遺 0134
噐 0166
罷 0651
稽 0503
稷 0589
稺 0587
篋 1020重
箴 0369
篇 0364
儌 0710
儉 0711
樂 0479
德 0146
徵 0720
辤 1174
餔 0413
餓 0415
餘 0414
歙 0759
魯 0298
穎 0903
劉 1119
請 0184
諸 0188
課 0198
調 0201
誼 0204
稾 0594
廚 0794
㢊 0803
慶 0881
蝨 1057

遵 0118
寫 0628
審 0069重
遲 0133
隧 1151重
隊 1151重
豫 0819
編 1047

十六畫

擇 0978
擅 0983
檠 0478
薪 0045
薄 0037
樹 0460
檄 0478
樂 0233

輸 1138
橐 0506
融 0241
頭 0761
豭 0816
盧 0398
對 0226
縣 0769
器 0166
還 0130
積 0591
勳 1092
舉 0982
嬰 0237重
衞 0161
錢 1114
錫 1108

錐 1116
録 1111
劒 0360
錫 0411
臈 0348
鮑 0947
獲 0839
諶 0193
諫 0197
謁 0185
謂 0183
磨 0807
廩 0438重
褒 0730
親 0754
辨 0354
辦 1107新

龍 0948
糒 0607
甑 1023
燔 0844
憲 0875
彊 1026

十七畫

贅 0527
騂 0829
駿 0822
藏 0056新
舊 0309
蓬 0851
檄 0482
檢 0481
擊 0986
臨 0723

購 0535
醢 0272
雖 1054
償 0690
鍉 1121
鏃 1117
斂 0277
爵 0409
鍚 0411
鮮 0946
謝 0207
謙 0203
糜 0605
應 0871
糞 0320
鴻 0316
襍 0733

禮 0009
縱 1035
繆 1050

十八畫

騎 0824
職 0967
鞮 0240
薦 0306
藥 0038
檻 0487
樸 0455
轉 1137
醫 1197
瞻 0290
疊 0570
曠 0557
巂 0306

黠 0853
雙 0313
邊 0144
邉 0144
歸 0107
鎧 1118
雞 0307
謹 0192
謾 0210
雜 0733
齋 0011
瀳 0888
繕 1044
雔 0308

十九畫

蘩 0080
壞 1074
勸 1098
蘇 0027
警 0202
櫝 0471
麴 0606
豶 0815
疊 0570
闗 0962
嚴 0098
獸 1160
犢 0074
簿 0373
頟 0762
譚 0220
識 0191
證 0217
䜌 0211
懷 0882
繩 1046

二十畫

蘭 0028
榶 0491
黨 0854
巍 0786
犧 0078
籍 0365
農 0238
鐂 1119
譴 0215
譯 0219
龐 0798
糴 0608
繻 1043

二十一畫

彌 0809
攝 0975
露 0942
纍 1045
魏 0786
鐵 1110
齎 0521
顧 0764
屬 0744

二十二畫

聽 0966
驚 0827
疊 0570
麴 0606
鑄 1112
觻 0361

二十三畫

驛 0828
驗 0823
讎 0187
變 0275
瀗 0929

二十四畫

鹽 0955
顯 0762
讓 0216
贛 0522

二十五畫

纏 1041

二十六畫

鬬 0244

三十一畫

鱹 1150

《説文》序檢字表

一　本檢字表，供檢索《居延新簡字形譜》單字的所有字頭和字頭下的俗寫異體用，由此可檢閱到相關字頭下的全部内容。由於合文數量較少，故不再附於本檢字表中。

二　表中被檢字見於《説文》者，按大徐本《説文》字序排列，分别部居；未見於《説文》者，按偏旁部首附於相應各部後。

三　每一字頭之後是該字在字形譜中的字頭序號——四位阿拉伯數字或四位阿拉伯數字加「重」，或四位阿拉伯數字加「新」。例如：「甲　1161」表示「甲」的字頭序號爲「1161」。

一部
一 0001
元 0002
天 0003
吏 0004
丄部
上 0005重
旁 0006
下 0007重
示部
示 0008
禮 0009
福 0010
齋 0011
祖 0012
祠 0013
社 0014

社 0014
杜 0014
禁 0015
三部
三 0016
王部
王 0017
閏 0018
皇 0019
玉部
玉 0020
玨部
班 0021
士部
士 0022
壯 0023
丨部

中 0024
屮部
屯 0025
艸部
萁 0026
蘇 0027
蘭 0028
苦 0029
萩 0030
荆 0031
萌 0032
英 0033
蒼 0034
苛 0035
蔡 0036
薄 0037
藥 0038

葢 0039
盖 0039
蓋 0039
若 0040
莗 0041
茭 0042
莝 0043
苣 0044
薪 0045
折 0046重
蔥 0047
荷 0048
葦 0049
萊 0050
蒙 0051
范 0052
草 0053

萅 0054
春 0054
薌 0055新
藏 0056新
芳 0057
莟 0058
董 0059
茻部
莫 0060
小部
小 0061
少 0062
八部
八 0063
分 0064
曾 0065
尚 0066

公 0067
必 0068
釆部
審 0069重
半部
半 0070
牛部
牛 0071
特 0072
牝 0073
犢 0074
牟 0075
牢 0076
物 0077
犧 0078
⿰牜軍 0079
犛部

斄 0080
告部
告 0081
口部
口 0082
吞 0083
呼 0084
名 0085
君 0086
命 0087
召 0088
問 0089
唯 0090
和 0091
咸 0092
吉 0093
周 0094

各 0095
哀 0096
叩 0097
吅部
嚴 0098
單 0099
走部
趣 0100
超 0101
越 0102
起 0103
趙 0104
止部
止 0105
歬 0106
前 0106
歸 0107

癶部
登 0108
步部
步 0109
歲 0110
此部
此 0111
正部
正 0112
乏 0113
是部
是 0114
辵部
迹 0115
辻 0116
徒 0116
隨 0117

遵 0118
適 0119
過 0120
進 0121
造 0122
逆 0123
迎 0124
遇 0125
逢 0126
通 0127
𨑨 0128
徙 0128
遷 0129
還 0130
送 0131
遣 0132
遲 0133

遺 0134
遂 0135
追 0136
逐 0137
近 0138
迫 0139
遏 0140
遮 0141
遠 0142
道 0143
邊 0144
邊 0144
迍 0145
彳部
德 0146
復 0147
往 0148

循 0149
微 0150
徐 0151
待 0152
假 0153
後 0154
得 0155
律 0156
廴部
廷 0157
建 0158
㢟部
延 0159
行部
行 0160
衞 0161
齒部

齒 0162
足部
足 0163
品部
品 0164
冊部
扁 0165
㗊部
器 0166
嚚 0166
舌部
舌 0167
干部
干 0168
㕯部
商 0169
句部

拘 0170
鉤 0171
古部
古 0172
十部
十 0173
丈 0174
千 0175
博 0176
廿 0177
卌 0178
卅部
卅 0179
丗 0179
世 0180
言部
言 0181

語 0182
謂 0183
請 0184
謁 0185
許 0186
讎 0187
諸 0188
詩 0189
詳 0190
識 0191
謹 0192
諶 0193
信 0194
誠 0195
詔 0196
諫 0197
課 0198

試 0199
計 0200
調 0201
警 0202
謙 0203
誼 0204
詡 0205
記 0206
謝 0207
訖 0208
詣 0209
謾 0210
䜌 0211
誤 0212
訾 0213
詐 0214
譴 0215

讓 0216
證 0217
診 0218
譯 0219
譚 0220
誩部
善 0221重
音部
音 0222
章 0223
竟 0224
丵部
業 0225
對 0226
對 0227重
𠬞部
奉 0228

丞 0229
戒 0230
兵 0231
具 0232
𠬜部
樊 0233
樊 0233
共部
共 0234
異部
異 0235
舁部
與 0236
臼部
要 0237重
晨部
農 0238

農 0238
革部
革 0239
鞮 0240
鬲部
融 0241
爪部
爲 0242
为 0242
丮部
埶 0243
鬥部
鬬 0244
又部
又 0245
右 0246
父 0247

曼 0248
尹 0249
及 0250
反 0251
取 0252
友 0253
度 0254
𠂇部
卑 0255
史部
史 0256
事 0257
支部
支 0258
聿部
聿 0259
書 0260

畫部
晝 0261
臤部
堅 0262
臣部
臣 0263
臧 0264
殺部
殺 0265
寸部
寸 0266
寺 0267
將 0268
皮部
皮 0269
攴部
故 0270

政 0271
數 0272
敳 0272
敞 0273
改 0274
變 0275
更 0276
斂 0277
赦 0278
敗 0279
寇 0280
收 0281
牧 0282
教部
教 0283
卜部
卜 0284

占 0285
兆 0286重
用部
用 0287
庸 0288
目部
目 0289
瞻 0290
眘 0291
相 0292
督 0293
眉部
省 0294
盾部
盾 0295
自部
自 0296

白部
皆 0297
魯 0298
者 0299
百 0300
鼻部
鼻 0301
習部
習 0302
羽部
羽 0303
翁 0304
翕 0305
隹部
雋 0306
雟 0306
雞 0307

雝 0308
雍 0308
雈部
舊 0309
羊部
羊 0310
牂 0311
羌 0312
雔部
雙 0313
雥部
集 0314重
鳥部
鳳 0315
鴻 0316
烏部
於 0317重

焉 0318
𠦒部
畢 0319
糞 0320
冓部
再 0321
幺部
幼 0322
𢆶部
幾 0323
玄部
玄 0324
予部
予 0325
放部
放 0326
𠬪部

爰 0327
受 0328
爭 0329
殹 0330重
敢 0330重
歺部
殊 0331
殄 0332
死部
死 0333
冎部
別 0334
骨部
骨 0335
肉部
肉 0336
脾 0337

脅 0338
肩 0339重
肖 0340
脫 0341
胡 0342
脩 0343
脂 0344
腐 0345
肎 0346
肥 0347
臈 0348
刀部
刀 0349
利 0350
初 0351
則 0352
副 0353

辨 0354
列 0355
制 0356
罰 0357
券 0358
刺 0359
刾 0359
刘 0359
刦 0359
刲 0359
刃部
劒 0360
角部
觻 0361
解 0362
竹部
竹 0363

篇 0364
籍 0365
等 0366
符 0367
笥 0368
箴 0369
笲 0370
算 0371
第 0372
簿 0373
箕部
其 0374重
丌部
典 0375
左部
左 0376
差 0377

工部
巧 0378
巨 0379
甘部
甘 0380
甚 0381
曰部
曰 0382
曷 0383
曹 0384
乃部
乃 0385
迺 0386
丂部
寧 0387
可部
可 0388

奇 0389
竒 0389
兮部
乎 0390
亏部
亏 0391
亐 0391
于 0391
平 0392
旨部
嘗 0393
喜部
喜 0394
壴部
嘉 0395
鼓部
鼓 0396

豊部
豊 0397
皿部
盧 0398
益 0399
盡 0400
去部
去 0401
丶部
主 0402
丹部
丹 0403
青部
青 0404
靜 0405
井部
井 0406

荆 0407
皀部
即 0408
鬯部
爵 0409
食部
食 0410
餳 0411
餳 0411
養 0412
餔 0413
餘 0414
餓 0415
亼部
合 0416
今 0417
舍 0418

會部
會 0419
倉部
倉 0420
入部
入 0421
内 0422
全 0423重
缶部
缺 0424
矢部
矢 0425
射 0426重
矦 0427
知 0428
矣 0429
高部

高 0430
亭 0431
冂部
市 0432
央 0433
京部
京 0434
京 0434
就 0435
㫗部
厚 0436
畗部
良 0437
㐭部
廩 0438重
稟 0439
嗇部

嗇 0440
來部
來 0441
麥部
麥 0442
夊部
致 0443
愛 0444
夏 0445
韋部
韋 0446
弟部
弟 0447
久部
久 0448
桀部
乘 0449

木部
木 0450
李 0451
桃 0452
杜 0453
梓 0454
樸 0455
槐 0456
榮 0457
桐 0458
松 0459
樹 0460
本 0461
朱 0462
根 0463
條 0464
枚 0465

枎 0466
格 0467
柱 0468
樓 0469
槍 0470
櫝 0471
栝 0472
案 0473
椎 0474
柯 0475
柄 0476
榜 0477
檠 0478
檠 0478
樂 0479
札 0480
檢 0481

檄 0482
梁 0483
校 0484
休 0485
械 0486
檻 0487
板 0488
桁 0489
梱 0490
櫨 0491
東部
東 0492
林部
林 0493
之部
之 0494
出部

出 0495
賣 0496
𣎵部
索 0497
南 0498
生部
生 0499
產 0500
隆 0501
華部
華 0502
稽部
稽 0503
桼部
桼 0504
束部
束 0505

橐部
橐 0506
囗部
回 0507
國 0508
因 0509
囚 0510
固 0511
圍 0512
困 0513
員部
員 0514
貝部
貝 0515
財 0516
資 0517
賢 0518

賀 0519
貢 0520
齎 0521
贛 0522
賞 0523
賜 0524
負 0525
賓 0526
贅 0527
費 0528
責 0529
賈 0530
販 0531
買 0532
賦 0533
貧 0534
購 0535

貴 0536
邑部
邑 0537
郡 0538
都 0539
邸 0540
郵 0541
鄭 0542
部 0543
邯 0544
郅 0545
鄧 0546
郎 0547
鄣 0548
邪 0549
耶 0549
郭 0550

𨛜部
鄉 0551
日部
日 0552
時 0553
时 0553
早 0554
昧 0555
昭 0556
曠 0557
晉 0558
晏 0559
昏 0560
昬 0560
晦 0561
昨 0562
昌 0563

昆 0564
普 0565
旦部
旦 0566
㫃部
施 0567
游 0568
晶部
參 0569重
曡 0570
疊 0570
疊 0570
月部
月 0571
朔 0572
有部
有 0573

朙部
朙 0574
明 0574
明 0575重
夕部
夕 0576
夜 0577
外 0578
多部
多 0579
毌部
貫 0580
虜 0581
马部
函 0582
甬 0583
𠧪部

㮚 0584
粟 0584
片部
牒 0585
禾部
種 0586
稺 0587
私 0588
稷 0589
移 0590
積 0591
秩 0592
康 0593重
稾 0594
年 0595
穀 0596
稍 0597

秋　0598
秦　0599
科　0600
程　0601
秝部
兼　0602
黍部
黍　0603
米部
米　0604
糜　0605
籥　0606
麴　0606
精　0607
糶　0608
氣　0609
臼部

春　0610
臿　0611
凶部
凶　0612
朩部
枲　0613
宀部
家　0614
宅　0615
室　0616
宣　0617
宏　0618
定　0619
安　0620
察　0621
完　0622
富　0623

實　0624
容　0625
守　0626
宜　0627
寫　0628
宿　0629
寬　0630
客　0631
寄　0632
寒　0633
害　0634
宋　0635
宗　0636
宮部
宮　0637
呂部
呂　0638

穴部
空　0639
窬　0640
疒部
疾　0641
疾　0641
痛　0642
病　0643
瘦　0644
庚　0644
冖部
冠　0645
冂部
同　0646
冃部
最　0647
㒳部

兩　0648
网部
罪　0649
署　0650
罷　0651
置　0652
巾部
巾　0653
幣　0654
帶　0655
常　0656
帚　0657
席　0658
㡒　0659
布　0660
帛部
帛　0661

白部
白　0662
㡀部
敝　0663
人部
人　0664
保　0665
仁　0666
伋　0667
伯　0668
仲　0669
倩　0670
倓　0671
侚　0672
佳　0673
佗　0674
何　0675

備 0676
偕 0677
俱 0678
傅 0679
倚 0680
倚 0680
依 0681
仍 0682
侍 0683
付 0684
佰 0685
作 0686
借 0687
侵 0688
倏 0689
儥 0690
代 0691

便 0692
任 0693
使 0694
傳 0695
倍 0696
偏 0697
儥 0698
偃 0699
傷 0700
伏 0701
伐 0702
件 0703
佚 0704
征 0705
佐 0706
免 0707
㑲 0708

優 0709
傲 0710
億 0711
匕部
真 0712
从部
從 0713
并 0714
比部
比 0715
北部
北 0716
丘部
丘 0717
㐺部
眾 0718
衆 0718

聚 0719
𡈼部
徵 0720
朢 0721
重部
重 0722
臥部
臨 0723
身部
身 0724
㐆部
殷 0725
衣部
衣 0726
衺 0727
表 0727
袍 0728

衮 0729
褒 0730
複 0731
被 0732
雜 0733
襍 0733
補 0734
裝 0735
卒 0736
裘部
求 0737重
老部
考 0738
孝 0739
尸部
居 0740
屠 0741

屋 0742
尺部
尺 0743
尾部
屬 0744
舟部
俞 0745
服 0746
方部
方 0747
儿部
兒 0748
充 0749
兄部
兄 0750
先部
先 0751

見部
見 0752
視 0753
親 0754
欠部
欽 0755
欲 0756
次 0757
歆 0758
歙部
歙 0759
飲 0759
次部
盜 0760
頁部
頭 0761
顯 0762
[illegible] 0762
領 0763
顧 0764
順 0765
煩 0766
面部
面 0767
首部
首 0768
県部
縣 0769
須部
須 0770
彡部
弱 0771
文部
文 0772
后部
后 0773
司部
司 0774
卩部
令 0775
卷 0776
卻 0777
印部
印 0778
色部
色 0779
卯部
卿 0780
辟部
辟 0781
勹部
旬 0782
匈 0783
冢 0784
冢 0784
茍部
敬 0785
嵬部
巍 0786
魏 0786
山部
山 0787
岑 0788
崇 0789
崔 0790
屵部
岸 0791
广部
府 0792
庭 0793
廚 0794
廏 0795
廚 0795
廣 0796
庾 0797
龐 0798
庶 0799
庰 0800
庠 0800
廖 0801
厂部
仄 0802
厭 0803
厭 0803
石部
石 0804
磑 0805
碓 0806
磨 0807
長部
長 0808
长 0808
镾 0809
勿部
勿 0810
冄部
冄 0811
而部
而 0812
耐 0813重
豕部
豬 0814

猪 0814
豶 0815
豭 0816
㣇部
豪 0817重
彑部
彘 0818
象部
豫 0819
馬部
馬 0820
駒 0821
駿 0822
驗 0823
騎 0824
馮 0825
馳 0826

驚 0827
驛 0828
騂 0829
廌部
法 0830重
兔部
兔 0831
冤 0832
寃 0832
犬部
犬 0833
狗 0834
猗 0835
狀 0836
犯 0837
猛 0838
獲 0839

狼 0840
㹜部
獄 0841
能部
能 0842
火部
火 0843
燔 0844
炭 0845
尉 0846
焦 0847重
光 0848
熱 0849
炅 0850
㷭 0851
熢 0851
黑部

黑 0852
黠 0853
黨 0854
大部
大 0855
奈 0856
亦部
亦 0857
夨部
吳 0858
夭部
喬 0859
交部
交 0860
幸部
執 0861
報 0862

夲部
奏 0863
夫部
夫 0864
立部
立 0865
竝部
竝 0866
思部
思 0867
心部
心 0868
志 0869
意 0870
應 0871
慎 0872
忠 0873

念 0874
憲 0875
惲 0876
恭 0877
恕 0878
慈 0879
恩 0880
慶 0881
懷 0882
急 0883
愚 0884
忽 0885
怒 0886
悔 0887
懣 0888
恙 0889
患 0890

恐 0891
惕 0892
忍 0893
悽 0894
愈 0895
水部
水 0896
河 0897
江 0898
温 0899
漢 0900
汝 0901
深 0902
潁 0903
泄 0904
治 0905
沽 0906
沛 0907
海 0908
衍 0909
況 0910
氾 0911
淵 0912
滿 0913
沙 0914
溝 0915
渠 0916
決 0917
注 0918
渡 0919
没 0920
沈 0921
湯 0922
涼 0923
沐 0924
洗 0925
淳 0926
染 0927
汗 0928
⿰氵獻 0929
滅 0930
漕 0931
沝部
沝 0932
冰 0932
川部
川 0933
州 0934
泉部
泉 0935
灥部
原 0936重
永部
永 0937
羕 0938
谷部
谷 0939
仌部
冬 0940
雨部
雨 0941
露 0942
雲部
雲 0943
云 0944重
魚部
魚 0945
鮮 0946
鮑 0947
龍部
龍 0948
非部
非 0949
乙部
孔 0950
不部
不 0951
至部
至 0952
到 0953
西部
西 0954
鹽部
鹽 0955
戶部
戶 0956
扇 0957
房 0958
門部
門 0959
閣 0960
閒 0961
關 0962
閲 0963
耳部
耳 0964
聖 0965
聽 0966
職 0967
聞 0968
手部
手 0969

指 0970
拜 0971重
推 0972
扶 0973
持 0974
攝 0975
聑 0975
挾 0976
掾 0977
擇 0978
捉 0979
承 0980
揚 0981
舉 0982
擅 0983
失 0984
拔 0985

擊 0986
捕 0987
換 0988
掖 0989
女部
女 0990
姓 0991
嫁 0992
妻 0993
母 0994
威 0995
婢 0996
奴 0997
始 0998
如 0999
娉 1000
姦 1001

毋部
毋 1002
民部
民 1003
乁部
也 1004
氏部
氏 1005
戈部
戟 1006
戎 1006
賊 1007
或 1008
武 1009
我部
我 1010
義 1011

珡部
琴 1012
乚部
直 1013
亾部
亾 1014
無 1015
匸部
區 1016
匿 1017
匽 1018
匹 1019
匚部
篋 1020重
匡 1021
曲部
曲 1022

瓦部
甑 1023
弓部
弓 1024
張 1025
张 1025
彊 1026
弩 1027
發 1028
弦部
弦 1029
系部
孫 1030
糸部
糸 1031
紀 1032
納 1033

絶 1034
縱 1035
細 1036
級 1037
約 1038
給 1039
終 1040
纏 1041
絳 1042
繻 1043
繕 1044
纍 1045
累 1045
繩 1046
編 1047
絮 1048
縶 1049

繆 1050
綏 1051
素部
素 1052
率部
率 1053
虫部
雖 1054
强 1055
䖵部
蚤 1056重
蝱 1057
䖟 1057
風部
風 1058
它部
它 1059

蛇 1060重
二部
二 1061
亟 1062
凡 1063
土部
土 1064
地 1065
埒 1066
堂 1067
在 1068
堊 1069
尘 1069
封 1070
城 1071
增 1072
塞 1073

壞 1074
圭 1075
塗 1076
堠 1077
塢 1078
塵 1079
堇部
堇 1080
蓳 1080
里部
里 1081
野 1082
田部
田 1083
畍 1084
界 1084
略 1085

當 1086
畱 1087
畜 1088
黃部
黃 1089
男部
男 1090
力部
力 1091
勳 1092
功 1093
助 1094
勑 1095
務 1096
勉 1097
勸 1098
勝 1099

動 1100
勞 1101
加 1102
勢 1103
恿 1104重
劫 1105
劾 1106
辧 1107新
金部
錫 1108
銅 1109
鐵 1110
録 1111
鑄 1112
鋌 1113
錢 1114
鈦 1115

錐 1116
鍭 1117
鎧 1118
鐂 1119
劉 1119
鉼 1120
鍉 1121
几部
几 1122
處 1123重
且部
且 1124
斤部
斤 1125
斧 1126
所 1127
新 1128

斗部
斗 1129
斛 1130
升 1131
車部
車 1132
軭 1133
軸 1134
載 1135
軍 1136
轉 1137
輪 1138
斬 1139
輔 1140
𠂤部
官 1141
𨸏部
陰 1142
陽 1143
陷 1144
降 1145
防 1146
附 1147
陳 1148
除 1149
𨺅部
䦧 1150
隧 1150
隊 1150
隧 1151重
𨽌 1151重
四部
四 1152
亖 1153重
五部
五 1154
六部
六 1155
七部
七 1156
九部
九 1157
内部
萬 1158
禹 1159
嘼部
獸 1160
甲部
甲 1161
乙部
乙 1162
乾 1163
尤 1164
丙部
丙 1165
丁部
丁 1166
戊部
戊 1167
成 1168
己部
己 1169
庚部
庚 1170
辛部
辛 1171
辛 1171
辠 1172
辜 1173
辤 1174
壬部
壬 1175
癸部
癸 1176
子部
子 1177
字 1178
季 1179
孟 1180
孤 1181
疑 1182
𠫓部
育 1183
疏 1184
踈 1184
丑部
丑 1185
寅部
寅 1186
卯部
卯 1187
辰部
辰 1188
巳部
巳 1189
目 1190
以 1190
午部
午 1191
未部
未 1192
申部

申　1193
臾　1194
酉部
酉　1195
酒　1196
醫　1197
酋部
酋　1198
尊　1199重
戌部
戌　1200
亥部
亥　1201